USA

DUMONT

USA

Ein Schnellkurs

Christine Metzger
arbeitete nach dem Studium der Erziehungswissenschaft, Germanistik und Europäischen Ethnologie als Lektorin, Journalistin und Herausgeberin. Sie hat zahlreiche Bücher und Artikel zum Thema USA publiziert und lebt und arbeitet als freie Autorin in München.

Umschlagvorderseite:
Jasper Johns, *Flagge*, 1955, Enkaustik (Wachsmalerei), Öl und Collage auf Leinwand, 107 x 154 cm, Museum of Modern Art, New York; akg-images, © VG Bild-Kunst Bonn 2008

Umschlagrückseite von oben nach unten:
Die Landung der Pilgerväter auf Cape Cod, 26. November 1620, kolorierte Kreidelithografie, Verlag Currier & Yves 1876; akg-images

South Rim, Grand Canyon, Arizona, USA; Rainer Martini/LOOK-foto

Ralph Johnson mit seinem achtjährigen Enkel beim Baseball-Training; The BostonGlobe/Redux/laif

Frontispiz:
Mount Rushmore National Monument, South Dakota, USA; age fotostock/LOOK-foto

Bibliografische Information der Deutschen Nationalbibliothek:
Die Deutsche Nationalbibliothek verzeichnet diese Publikation in der Deutschen Nationalbibliografie; detaillierte bibliografische Daten sind im Internet über http://dnb.d-nb.de abrufbar.

Redaktion: Anita Brockmann, Köln
Lektorat: Anita Brockmann, Ursula Härtling, Köln
Textkästen und -zusätze S. 16, 18/19, 62, 92/93, 94, 97, 98, 107, 108/109, 110, 153-167, 183-187: Anita Brockmann
Satz: botschaft prof. gertrud nolte, Düsseldorf
Druck und buchbinderische Verarbeitung: Rasch, Bramsche
Printed in Germany
ISBN 978-3-8321-9075-0

Wir Deutschen haben zu Amerika ein ganz besonderes Verhältnis, das durch unsere jüngste Geschichte geprägt ist: Die Amerikaner kamen nach dem Zweiten Weltkrieg als Befreier, als faire Besatzer, als Helfer beim Wiederaufbau. Das nach zwölf Jahren Diktatur der Nationalsozialisten auch intellektuell daniederliegende Land stürzte sich mit Begeisterung auf alles, was die Neue Welt zu bieten hatte. Musik, Literatur, technische Errungenschaften – kurz, der »american way of life« wurde zur Leitkultur.

Amerika ist uns scheinbar so ähnlich, so vertraut. Es ist ein Kind Europas, nahm alte Werte mit in die Neue Welt und prägte seinerseits im 20. Jh. das »alte Europa«. Unser Blick nach »drüben« sucht Übereinstimmung und übersieht die Eigenständigkeit, die man jeder anderen Kultur selbstverständlich zugesteht. Klaus Harpprecht hat das auf den Punkt gebracht: »Der fremde Freund« heißt sein 1982 erschienenes und noch heute lesenswertes Buch.

Die USA zu kritisieren war und ist en vogue. Das ist legitim. Eine Weltmacht steht, v.a. wenn sie außenpolitisch agiert, im Zentrum der internationalen Aufmerksamkeit. Vielfach aber zeugt privat oder öffentlich Geäußertes von Unkenntnis. Pauschalurteile berücksichtigen z.B. nicht die politische Rolle und Macht der Bundesstaaten – zwischen dem liberalen Neuengland und dem konservativen Texas liegen Welten. Der Satz »In den USA gibt es die Todesstrafe« ist falsch. Richtig müsste er lauten: Der Supreme Court hat die Todesstrafe nicht verboten, aber die Staaten entscheiden, ob sie sie ausüben oder nicht.

Diese und andere Missverständnisse auszuräumen, ist ein Anliegen dieses Buches. Dabei wird viel Wert auf die historische Darstellung gelegt – einen Freund kann man schließlich nur verstehen und gegebenenfalls kritisieren, wenn man seine Geschichte kennt.

Christine Metzger

Vancouver
BRITISH COLUMBIA
ALBERTA
SASKATCHEWAN
MANITOB
Winnipeg
Lethbridge
Regina
Seattle
Olympia
Spokane
WASHINGTON
Portland
Salem
OREGON
IDAHO
Boise
Idaho Falls
Helena
MONTANA
Billings
Great Plains
Missouri
NORTH DAKOTA
Bismarck
SOUTH DAKO
Pierre
Sioux Fa
Cody
WYOMING
Casper
Cheyenne
Rocky Mountains
NEBRASKA
Great Salt Lake
Salt Lake City
UTAH
Reno
Great Basin
Carson City
NEVADA
Sacramento
Sierra Nevada
San Francisco
CALIFORNIA
Bakersfield
Las Vegas
Denver
COLORADO
Colorado Springs
Pueblo
Moab
Colorado Plateau
Colorado
Rio Grande
Arkansas
KANSAS
Wichita
Grand Canyon
Flagstaff
ARIZONA
Phoenix
Tucson
Los Angeles
San Diego
Tijuana
Mexicali
Albuquerque
Santa Fe
NEW MEXICO
El Paso
Ciudad Juárez
Amarillo
OKLAHOMA
Oklahoma City
Lubbock
Abilene
TEXAS
Austin
San Antonio
Pazifischer Ozean
MEXICO
RUSSLAND
Arktischer Ozean
Point Hope
Beringstraße
Brooks Range
Nördl. Polarkreis
Beringsee
Aleuten
ALASKA (USA)
Bethel
Denali
Mount McKinley
6194 m
Yukon
Fairbanks
Bristol Bay
Alaska Peninsula
Anchorage
Valdez
Kodiak Island
Kodiak
KANADA
YUKON TERRITORY
NORTHWEST TERRITORIES
Pazifischer Ozean
Skagway
Juneau
Fort Simpson
BRITISH COLUMBIA
ALBERTA
Prince Rupert
Stewart
N
0
500
1000 km

KANADA
ONTARIO
QUEBEC
0 250 500 km
Quebec
Montreal
Ottawa
Thunder Bay
Lake Superior
MINNESOTA
Duluth
Minneapolis
St. Paul
WISCONSIN
Madison
Milwaukee
Lake Michigan
MICHIGAN
Lansing
Detroit
Lake Huron
Toronto
Ontario
Buffalo
Lake Erie
Erie
IOWA
Des Moines
Omaha
Chicago
Davenport
Peoria
ILLINOIS
Springfield
St. Louis
Kansas City
Jefferson City
MISSOURI
Indianapolis
INDIANA
Cleveland
OHIO
Columbus
Cincinnati
Pittsburgh
PENNSYLVANIA
Harrisburg
Baltimore
Dover
Annapolis
Washington D.C.
MARYLAND
WEST VIRGINIA
Charleston
Louisville
Frankfort
Lexington
Evansville
KENTUCKY
Roanoke
Richmond
VIRGINIA
Norfolk
Virginia Beach
Greensboro
Raleigh
Nashville
Knoxville
TENNESSEE
Charlotte
NORTH CAROLINA
ARKANSAS
Memphis
Little Rock
Pine Bluff
Huntsville
Greenville
Columbia
SOUTH CAROLINA
Charleston
MISSISSIPPI
ALABAMA
Atlanta
GEORGIA
Savannah
Shreveport
Meridian
Jackson
Montgomery
Mobile
Tallahassee
Jacksonville
FLORIDA
Baton Rouge
LOUISIANA
New Orleans
Houston
Mississippi River Delta
Orlando
St. Petersburg
Tampa
Fort Lauderdale
The Everglades
Miami
Florida Keys
NEW YORK
Albany
MAINE
Augusta
Montpelier
VERMONT
NEW HAMPSHIRE
Concord
Boston
MASSACHUSETTS
Hartford
Providence
RHODE ISLAND
CONNECTICUT
New York
Trenton
NEW JERSEY
Philadelphia
DELAWARE
Atlantischer Ozean
Golf von Mexico
Bahama Islands
Nassau
Andros Island
BAHAMAS
Havanna
CUBA
Grand Cayman
JAMAICA
Karibisches Meer
Red
Ohio
Savannah
0 250 500 km
Molokai
Lanai
Maui
Waimea
Hawai'i (Big Island)

Sumpfzypressen in den Bayous, Mississippi-Delta

Das Staatsgebiet

»Ich steuerte Rosinante auf einen kleinen Picknickplatz, den der Staat Connecticut unterhielt, und zog meinen Straßenatlas heraus. Und plötzlich nahmen die Vereinigten Staaten unglaubliche Ausmaße an und es schien unmöglich, sie je zu durchqueren. Ich fragte mich, wie zum Teufel ich mich auf so ein Vorhaben hatte einlassen können, das nicht auszuführen war.« (John Steinbeck, »Reisen mit Charley: Auf der Suche nach Amerika«, 1962)

Der Schriftsteller und Nobelpreisträger John Steinbeck brach im September 1960 auf und kehrte im Januar 1961 in den Nordosten zurück. Begleitet von seinem Hund Charley, durchquerte er den Kontinent, legte 16.000 km zurück und hatte doch nur einen Bruchteil des Landes »erfahren«. Als »Ungeheuer Amerika« erschien ihm sein Heimatland in der »grellbunten Projektion« des Kartenwerks und ungeheuer sind die Ausmaße der USA: Das kontinentale Kernland, in dem 48 der 50 Bundesstaaten liegen, bedeckt eine Fläche von ca. 7,8 Mio. qkm. Alaska misst rund 1,53 Mio. qkm, Hawaii addiert rund 16.000 qkm, insgesamt ist das Staatsgebiet rund 9,3 Mio. qkm groß.

Auf diesem riesigen Gebiet reichen die Klimazonen von arktisch (Alaska) bis subtropisch (Florida) und man findet alle Landschafts- und Vegetationsformen, die für die nördliche Hemisphäre typisch sind: Tundra, gletscherbedeckte Hochgebirge, Misch-, Laub- und Nadelwald-

Lake Michigan ist einer der fünf Großen Seen und liegt als einziger vollständig in den USA. Er grenzt an die Bundesstaaten Indiana, Illinois, Wisconsin und Michigan und hat eine Fläche von 57.800 qkm.

regionen, baumloses Grasland, Wüsten, feuchtheiße Sumpfgebiete. Entsprechend artenreich sind Flora und Fauna: Bären, Wölfe, Karibus in Alaska, immergrüne Regenwälder mit uralten Mammutbäumen (Redwoods) an der pazifischen Küste, Reptilien und Kakteen in den Trockengebieten, Alligatoren in den Sümpfen des Südostens.

Von den vielen Superlativen seien nur einige erwähnt: Mount McKinley in Alaska ist mit 6194 m der höchste Berg Nordamerikas und der dritthöchste der Welt. Der Mississippi zählt mit dem in ihn mündenden Missouri mit 6420 km zu den längsten Flüssen, sein Mündungsgebiet gehört mit einer Fläche von 28.600 qkm zu den größten Deltas der Erde. Die Großen Seen bilden mit rund 246.000 qkm die größte zusammenhängende Süßwasserfläche unseres Planeten. Doch diesen Superlativ können die USA nicht für sich allein verbuchen: Durch vier der fünf Seen schlängelt sich die Grenze zu Kanada, sodass beide Staaten Anteil an dieser – früher wirtschaftlich immens wichtigen – Region haben.

Westlich verläuft die 1818 gezogene Grenze zum nördlichen Nachbarn schnurgerade entlang des 49. Breitengrads, von dort erstreckt sich das »Ungeheuer Amerika« (ohne Alaska und Hawaii) über rund 2700 km bis zum 24. Breitengrad. Die Ost-West-Ausdehnung vom Atlantischen bis zum Pazifischen Ozean beträgt rund 4500 km (67.–123. Längengrad) und umfasst vier Zeitzonen.

Im dünn besiedelten Alaska sind Braunbären noch relativ häufig, ihre Population wird in Kanada und Alaska auf zusammen rund 55.000 Tiere geschätzt.

Der Kilauea ist einer der aktivsten Vulkane der Welt. Er befindet sich im Hawaii Volcanoes Nationalpark, der sich von der Pazifik-Küste bis zum 4169 Meter hohen Mauna Loa, dem größten Vulkan, erstreckt.

Die inoffizielle Nationalhymne

»This land is your land, this land is my land
From California, to the New York Island
From the redwood forest, to the gulf stream waters
This land was made for you and me.«

Woody Guthrie (1919–1967) schrieb seinen bekanntesten Song im Jahr 1940 als Antwort auf die patriotische Hymne »God Bless America« (Irving Berlin, 1918), die in der Version von Kate Smith seit 1938 in allen Radios dudelte. Auch Guthrie sieht die Weite, die Schönheit des Landes, doch anders als Berlin erschöpft er sich nicht in süßlichen Liebeserklärungen und Rufen nach göttlichem Segen. Der Sänger, der in den 1930er Jahren mit den Wanderarbeitern durch die von Depression und Dürre geplagten Regionen zog, sang für diejenigen, denen das Land gehörte, »für die es gemacht war«, und die sich doch nicht davon ernähren konnten.

Guthrie war der Erste, der die Folkballade als Protestmedium nutzte, der Wegbereiter für Bob Dylan und das neue Folk Movement der 1960er Jahre. »This land is your land« gilt heute als inoffizielle Nationalhymne und auch George W. Bush setzte sie in seiner Präsidentschaftskampagne ein.

Die geografische Gliederung

Trotz der Weiträumigkeit des kontinentalen Kernlands ist dessen Gliederung sehr klar und umfasst drei Reliefformen: Hochgebirgs-, Mittelgebirgs- und Flachlandregionen. Diese Großformen finden sich auch in Europa, doch anders als in Eurasien verlaufen die Gebirge und die dazwischenliegenden Flachlandzonen in Nordamerika in Nord-Südrichtung.

Ein Mississippi-Alligator schwimmt zwischen Seerosenblättern in den Everglades.

Die Mittelgebirgsregion beschränkt sich auf den Osten. Dort liegen die Appalachen, die sich von Alabama bis Maine parallel zur Atlantikküste erstrecken. Das Tal des Hudson teilt den Gebirgszug in einen nördlichen und einen südlichen Teil. Der höchste Berg in Neuengland ist Mount Washington mit 1917 m, in Maine reicht das Hügel- und Bergland bis an den Atlantik, während sich südlich der Hudsonmündung die atlantische Küstenebene ausbreitet.

Die südlichen Appalachen – höchste Erhebung: Mount Mitchell mit 2037 m – sind in vier Längszonen gegliedert, von Ost nach West: Piedmont, Blue Rigde Moun-

Herbstanfang in Neuengland: In diesem typischen Dorf verfärben sich die Laubbäume allmählich zu leuchtendem Rot und Gelb.

tains, Großes Appalachental, Appalachenplateaus. Die Saumlinie zwischen Piedmont und der Küstenebene wird »fall line« genannt, weil die zahlreichen Flüsse, die zum Atlantik fließen, hier Wasserfälle bilden.

Die Appalachen sind bewaldet, vorherrschende Vegetationsform ist der Laubwald, im Norden und Süden findet man Mischwälder. Die Laubwälder sind sehr artenreich, hier wachsen u. a. Birken, Eichen, Hickory, Buchen, Ahorn. Im Herbst bietet sich, v. a. in Neuengland, ein grandioses Schauspiel: Bestimme Ahorn- und Eichenarten, die es in Europa nicht gibt, produzieren chemische Stoffe, die die Blätter tiefrot bis violett leuchten lassen und die Wälder in ein »flammendes Feuermeer« (Carl Zuckmayer) verwandeln.

Westlich der Appalachen liegen die Inneren Ebenen, die im Westen durch die Rocky Mountains, im Norden durch die Großen Seen und im Süden durch die Golfküstenebene begrenzt werden. Letztere reicht rund 900 km ins Binnenland hinein und vereinigt sich an der Wurzel der Halbinsel Florida mit der atlantischen Küstenebene.

Die Interior Plains waren einst Lebensraum des Bisons oder amerikanischen Büffels, der 1860 nahezu komplett ausgerottet war – auch mit der Absicht, den Indianerstämmen der Steppen ihre Lebensgrundlage zu nehmen. Den Talgrund der Interior Plains bildet der Mississippi, der das Gebiet in das Zentrale Tiefland im Osten und

Nachdem die Bisons nahezu ausgerottet worden waren, hat sich der Bestand der Tiere in Nordamerika von geschätzten 800 Exemplaren zu Zeiten Buffalo Bills, dem bekanntesten Bisonjäger, auf heute etwa 350.000 Tiere erholt.

Wyoming in den Great Plains: Cowboys beim Rindertreiben. 60% des Rindfleischbedarfs der USA wird hier erzeugt.

die Great Plains im Westen teilt. Die Central Plains – fruchtbares Land (Langgrassteppen) – sind das Gebiet der sogenannten Prärien und werden intensiv für Getreideanbau genutzt. Etwa der 100. Längengrad trennt die humide von der ariden Region. Zwischen den Prärien und dem Felsgebirgsland im Westen erstrecken sich die Great Plains, früher auch Great American Desert genannt, aus offensichtlichem Grund: Die niederschlagsarme Region erlaubt keinen Ackerbau, auf den Kurzgrassteppen ist nur Viehhaltung (Rinder) möglich.

Die Great Plains sind eine von Flüssen zerschnittene Plateaulandschaft, die vom mittleren Texas über die kanadische Grenze hinaus bis zur arktischen Küstenebene reicht. Wie eine geneigte Ebene steigen sie von

Weizenernte in den Central Plains. Die Central Plains sind Teil der Great Plains, der Kornkammer der USA, auch »Breadbasket« genannt. In der mit knapp 1 Mio. Einwohnern am dünnsten besiedelten landwirtschaftlichen Region der Welt wird etwa die Hälfte des amerikanischen Weizens angebaut.

rund 400–500 m Höhe im Osten westwärts an und enden, 1200–1500 m hoch, am Gebirgsfuß der Rocky Mountains.

Die Rocky Mountains (höchste Erhebung: Mount Elbert mit 4399 m) bilden das östliche Teilstück der Kordilleren, des Hochgebirges im Westen der USA, das parallel zur Pazifikküste verläuft und bis nach Alaska reicht. Die maximale Breite des Gebirgszugs beträgt 1500 km, wobei sich im gesamten Verlauf eine deutliche Dreiteilung in Ost-West-Richtung zeigt: Zwischen den Rocky Mountains und dem Pazifischen Gebirgssystem erstrecken sich hochgelegene Zwischenregionen (Intermontane Zone), von Süden nach Norden: Hochland von Arizona-New-Mexico, Colorado-Plateaus, Großes Becken, Columbia-Plateaus. Die vom Gran Canyon zerschnittenen Colorado-Plateaus erreichen eine Höhe von über 2000 m. Im Süden, im Death Valley, liegt der niedrigste Punkt der westlichen Hemisphäre: 86 m unter dem Meeresspiegel. Die Vegetation im intermontanen Bereich ist im Wesentlichen durch Gehölzformationen

Der Yellowstone-Nationalpark ist Teil der Rocky Mountains. Er wurde am 1. März 1872 gegründet, ist damit der älteste Nationalpark der Welt und UNESCO-Weltnaturerbe. Berühmt ist er für seine Geysire, Grizzlybären, Wölfe und Bisons.

Klimaextreme

Die geografischen Gegebenheiten, also die Tatsache, dass die Gebirgszüge in den USA nur meridional verlaufen und es keine Ost-West-Barrieren gibt, hat entscheidende Auswirkungen auf das Klima des Landes. Sowohl das Zentrum als auch die Ostküste sind eben und die Luftströmungen, ob aus Nord oder Süd, haben freie Bahn. So kann die tropisch-feuchte Luft vom Golf bis zu den Großen Seen vordringen, was im Sommer zu Schwüle, Gewittern und im Winter zu dichter Nebelbildung führt.

Sehr viel folgenschwerer sind die sogenannten Cold Waves, bei denen Polarluft nach Süden vordringt. Im Norden kommt es dann zu Eis- und Schneestürmen (Blizzards). Aber in diesen Breiten ist man Kälte gewohnt und deren Auswirkungen auf Mensch und Natur sind weniger dramatisch als in den Central Plains oder dem Süden und Südosten, wo die letzte Cold Wave im April 2007 innerhalb von vier Tagen einen Großteil der Ernte vernichtete. Die schlimmste Kältekatastrophe in der Geschichte der USA ereignete sich im Februar 1899: Der Mississippi transportierte Eisbrocken in den Golf von Mexiko, der Hafen von New Orleans war zugefroren, in Tallahassee, Florida, betrug die Temperatur –19° C, in Fort Logan, Montana, sank sie auf –51° C und in Washington D.C. auf –26° C.

Ein weiteres Klimaphänomen, das insbesondere die Central Plains betrifft, sind Tornados oder »Twister«. 1000 bis 1200 werden jährlich in den USA gezählt. Unter günstigen Bedingungen können sie jederzeit entstehen, zwischen März und Juli treten sie allerdings gehäuft und insbesondere entlang der sogenannten »tornado alley« (Texas, Oklahoma, Kansas und Nebraska) auf, doch auch Neuengland und Florida sind häufig betroffen.

Im Gegensatz zu diesen kurzfristigen, auf geringen Raum begrenzten, aber verheerenden Windhosen wüten zwischen Mai und November Hurricans im Südosten des Landes und bilden mit hohen Windgeschwindigkeiten eine oft mehrtägige Bedrohung für die Region. Sie bauen sich über dem Golf von Mexiko auf und finden hier in den weiten Ebenen ideale Vorraussetzungen für ihr zerstörerisches Werk, bevor sie aufgrund mangelnder Wasserzufuhr an Stärke verlieren. Im August 2005 erreichte Hurrcian Katrina die Stufe 5 und richtete in Florida, Louisiana, Mississippi, Alabama und Georgia enorme Schäden an, 1800 Menschen starben. Besonders betroffen war die Stadt New Orleans: durch zwei Brüche im Deichsystem wurden fast 80% der Stadt überflutet.

Der mächtige Rüssel eines Tornados ist weithin sichtbar.

bestimmt, im Süden erstreckt sich ein Wüstengebiet, die Mojave Desert.

Die Rocky Mountains sind kein homogenes Massiv, sondern gliedern sich vielfältig in Ketten. Das Yellowstone- und das Wyomingbecken teilen das Felsgebirge in einen nördlichen, mittleren und südlichen Abschnitt. Für die Siedler, die seit den 40er Jahren des 19. Jh.s nach Westen zogen, bildeten die Rockies ein natürliches Hindernis, das sich nur auf bestimmten Routen entlang der Flussläufe, wie z. B. dem legendären Oregon Trail, überwinden ließ. Was die Vegetation betrifft, so fühlt man sich an die Alpen erinnert, allerdings verläuft die Baumgrenze in den Rocky Mountains wegen der relativen Trockenheit in höheren Lagen als in den Alpen. Die Waldareale in den Kordilleren, die sich im Wesentlichen auf die Gebirgserhebungen beschränken, bestehen, anders als im östlichen Mittelgebirge, fast ausnahmslos aus Nadelhölzern.

Das westliche Teilstück der Kordilleren wird Pazifisches Küstensystem genannt und gliedert sich in drei Längszonen: die niedrigere Küstenkette unmittelbar am Pazifik, die kalifornische Sierra Nevada im Süden, in der der Mount Whitney liegt – mit 4418 m der höchste Berg im kontinentalen Kernland – und die Kaskaden im Norden. Zwischen der Küstenkette und der Sierra Nevada erstreckt sich das fruchtbare kalifornische Längstal (Central Valley). In Kalifornien herrscht mediterranes

South Rim im Grand-Canyon-Nationalpark, Arizona. 1919 gegründet, umfasst der Nationalpark eine Fläche von 4926 qkm.

Klima mit der entsprechenden Vegetation, die Nordküste liegt in der humid-kühlgemäßigten Zone.

Nationalparks

Ein Land mit den Ausmaßen der Vereinigten Staaten von Amerika verfügt über zahlreiche einmalige geologische, biologische und kulturelle Ressourcen, zu deren Schutz man eine Vielzahl von Maßnahmen ergriffen hat. Schon früh und unter dem Eindruck des Raubbaus an Land und Lebewesen durch Siedler, den Eisenbahnbau, Goldgräber und Jäger wurde in den Vereinigten Staaten die Forderung nach einem Schutzgebiet für Landschaft, Flora und Fauna laut. Dem kam Präsident Ulysses S. Grant nach, unterzeichnete am 1. März 1872 ein Gesetz und gründete mit dem Yellowstone-Nationalpark den ersten Nationalpark der Welt zum »Nutzen und zur Erbauung der Bevölkerung«. Erst später kamen auch Naturschutz und Bildung als weitere Aspekte hinzu. Um das Anliegen erfolgreich durchsetzen zu können, übernahm 1886 die Armee die Kontrolle über den Park. 2007 trugen 58 Schutzgebiete den offiziellen Schutzstatus »National

Mesa Verde ist der einzige Nationalpark zum Schutz eines archäologischen Ortes in den USA. Die gut erhaltenen Felsbehausungen wurden im 6. Jh. von den vorkolumbianischen Anasazi besiedelt.

Park«, von denen einige abgeschieden in der Wildnis liegen, andere einem Massenansturm von Touristen ausgesetzt sind. Noch heute werden die Nationalparks vom »National Park Service« verwaltet, einer Behörde, die dem US-Innenministerium unterstellt ist.

Neben den Nationalparks gibt es weitere, meist kleinere Schutzgebiete mit weniger strengen Auflagen und einer schlechteren finanziellen Ausstattung. Dazu gehören die »National Monuments«. Als »National Historical Parks« und »National Historic Sites« werden Orte von historischer Relevanz ausgewiesen, zu den Erholungsgebieten (National Recreation Areas) gehören Seen, Flüsse und Wanderwege, während »National Preserves« vom Schutzstatus Nationalpark ausgenommen werden, weil in ihnen die Förderung von Rohstoffen und meist auch die Jagd erlaubt ist. Im Gegensatz dazu bleiben »Wilderness Areas« von menschlichen Eingriffen verschont und dürfen nur zu Fuß oder mit dem Kanu besucht werden. Auch auf der bundesstaatlichen Ebene gibt es kleinere Schutzgebiete wie die »State Parks« und die »National Forests«, in denen allerdings in weiten Teilen Forstwirtschaft betrieben wird.

Die Mammutbäume (Redwoods) im Muir Woods National Monument nahe San Fransisco sind bis zu 79 m hoch und etwa 500 bis 800 Jahre alt.

Seit 1979 gehören die Everglades zum Weltnaturerbe der UNESCO. Der Nationalpark ist ein bis zu 60 km breiter Wasserlauf, der auch Grasfluss genannt wird. Oft nicht mehr als ein paar Zentimeter tief, ist er fast gänzlich von Gras bewachsen.

Die Erforschung des Westens: die Lewis & Clark Expedition

Sacagawea weist Lewis und Clark den Weg. Die junge Indianerin, die zum Stamm der Shoshonen gehörte, besaß Ortskenntnisse und fungierte als Übersetzerin.

Mit dem Louisiana Purchase war der Weg frei für die Eroberung des Westens. Die Beschreibung von Flora, Fauna, Geografie, Geologie, die Kartografierung und die Bestandsaufnahme der dort lebenden Indianer – all das sollte mit wissenschaftlichen Methoden geleistet werden. Vor allem jedoch ging es um die Besiedlung.

Noch war die Grenze zu Kanada im Westen nicht festgeschrieben, die Briten reklamierten das wald- und pelztierreiche Gebiet für sich. Auch die Russen, die sich seit 1741 vom arktischen Norden nach Süden vorgearbeitet hatten, erhoben Ansprüche.

Mit der Leitung der Erforschung betraute Jefferson seinen persönlichen Sekretär Meriwether Lewis. Der gewann seinen Freund und Offizierskollegen William Clark für die Reise. Nachdem sie den Winter in St. Louis, dem letzten zivilisierten Posten im Westen, verbracht hatten, brachen am 14. Mai 1804 vier Dutzend Männer Richtung Nordwesten auf. Anfang November schlugen sie ihr Lager in Fort Mandan auf, wo der Pelzjäger Toussaint Charbonneau und seine junge Indianer-Frau Sacagawea zu dem Trupp stießen: Im Winterlager gebar sie einen Sohn. Als der Trupp auf die Ureinwohner stieß, war die junge Indianerin mit dem kleinen Kind ein Zeichen, dass die Weißen in friedfertiger Absicht gekommen waren – ein Symbol, das weit überzeugender wirkte als die »Jefferson Peace Medal«, die Lewis und Clark den Stammesältesten überreichten.

Am 23. September 1806 endete die 28monatige und rund 13.000 km lange Fahrt. Lewis and Clark trafen in St. Louis ein, wo sie als Helden gefeiert wurden. Der Kongress belohnte alle Teilnehmer der Expedition mit Landschenkungen und Geld – nur Sacagawea ging leer aus.

Ihrem Auftrag gemäß hatten Lewis und Clark eine riesige Menge an Informationen gesammelt: 13 Tagebücher hatten sie während ihrer Reise voll geschrieben und die Aufzeichnungen gehütet wie ihren Augapfel. Die Kladden enthielten minutiöse Schilderungen des Reiseverlaufs und der Abenteuer und Gefahren sowie bedeutende wissenschaftliche Entdeckungen: Landschaftsbeschreibungen, Skizzen von bis dato unbekannten Pflanzen und Tieren und vieles andere mehr. Die wissenschaftlichen Aspekte fielen in der zweibändigen Ausgabe der Tagebücher, die 1814 erschien, unter den Tisch, aber sie enthielt Clarks Meisterwerk: die Karte des Westens.

Nach der Expedition von Lewis und Clark verschwand der weiße Fleck von der Landkarte. Flüsse, Berge, Wasserfälle und Seen trugen englische Namen. Die amerikanische Vision begann Gestalt anzunehmen, man hatte die Ausmaße des Kontinents »erfahren« und sah ein Land vor sich, das von Ozean zu Ozean reichte. Dass dieses Land keineswegs unbevölkert war, macht Clarks Karte heute in augenfälliger Weise deutlich: Halbfett hervorgehoben zeigt sie die Namen Dutzender Indianerstämme, die im Nordwesten lebten.

Der Louisiana Purchase

Das Gebiet, das die USA im legendären Louisiana Purchase erwarben, reichte weit über die Grenzen des 1812 in die Union aufgenommenen Staates Louisiana hinaus: Es erstreckte sich von der Golfküste bis Kanada und umfasste – Texas ausgenommen – die gesamte Region der Inneren Ebenen westlich des Mississippi. Der dritte Präsident Thomas Jefferson hatte ursprünglich die Absicht, nur die Hafenstadt New Orleans zu erwerben, den wichtigsten Umschlagplatz für Güter aus der Region zwischen den Appalachen und dem Mississippi. Die Franzosen lehnten zunächst ab. Nach langwierigen Verhandlungen wollten die amerikanischen Abgesandten ihren Ohren kaum trauen, als man ihnen schließlich 1803 ganz Louisiana anbot: für nur 15 Mio. Dollar. Jefferson ging darauf ein und brach damit die Verfassung: Nicht nur, dass der Kaufpreis die vom Kongress genehmigte Summe überschritt, die Konstitution räumte dem Bund auch kein Recht ein, ausländisches Staatsgebiet zu erwerben.

Was bot sich den Kolonisten?
»Was bot sich den Kolonisten? Grüne Weiden, grüne Hügel, grüne, holzreiche, wildvolle Wälder, Ströme, breit einladend zu Schifffahrt und Entdeckung, ein freundliches, ein Nahrung, ein Heimat verheißendes Bild, und doch war das Land von großer erschreckender Unheimlichkeit, ein Erdteil voller Tücke. Auch Europa hat seine Weiden, auch Europa hat Ströme und Wälder. Aber diese hier waren nie bezwungen worden, sie wuchsen, sie wucherten fort, sie verschlossen sich, sie waren maßlos gefräßig, sie hatten sich nie ganz in des Bürgers Hand gegeben, sie drohten immer noch, den Menschen zu verschlingen.«
Wolfgang Koeppen, Amerikafahrt 1959

Jamestown, die erste permanente britische Siedlung

Das erste Kind englischer Siedler hieß Virginia Dare und wurde auf Insel Roanoke an der Küste North Carolinas geboren. Er habe das Fort unzerstört vorgefunden, berichtete John White, der Großvater Virginias, der 1590 nach fast dreijähriger Abwesenheit nach Roanoke zurückkehrte. Zeichen eines überstürzten Aufbruchs habe es gegeben, aber keine Spur von Leben. Die Bewohner blieben verschwunden und Roanoke ging als »die verlorene Kolonie« in Geschichte und die Legendenbildung der USA ein.

Das Unternehmen Roanoke war von Sir Walter Raleigh initiiert und von privaten Investoren finanziert worden. Königin Elizabeth I. (1558–1603) gab ihr Plazet. Dass England jenseits des Atlantiks Besitzansprüche geltend machen konnte, war kolonialer Logik zu verdanken: Henry VII. hatte 1496 den Seefahrer John Cabot beauftragt, die Nordwestpassage nach Indien zu suchen – die es nicht gibt. Cabot unternahm zwei Reisen, die ihn von Labrador bis Virginia führten. Und da er im Auftrag des Königs unterwegs war, nahm er das Land in dessen Namen in Besitz.

Welche Reichtümer man in der Neuen Welt erbeuten konnte, hatten die Spanier, deren Schiffe oft von britischen Freibeutern gekapert wurden, gezeigt und man war sicher, dass es auch im Norden Gold gab, obwohl dafür jeder Beweis fehlte. So war die Expedition, die

Ankunft der Siedler in Amerika, Stahlstich, um 1850.
Am 13. Mai 1607 gründete John Smith am James River die Stadt Jamestown.

der Spanier Francisco Vásquez de Coronado 1540–42 unternahm und die ihn durch den Südwesten bis ins heutige Kansas führte, ein Fehlschlag. Natürlich nahm Coronado jedes Gebiet, das er durchquerte, für die spanische Krone in Besitz, aber er fiel in Ungnade. Denn das was zählte, war Gold.

»Es gab kein anderes Thema, keine andere Hoffnung, keine andere Arbeit als Gold graben, Gold schmelzen, Gold verladen«, schrieb einer der Männer, die 1607 in Virginia landeten und dort Jamestown gründeten, die erste permanente britische Siedlung an der Ostküste. Benannt wurde sie nach James I., der 1603 an die Regierung gekommen war und eine Kolonialpolitik betrieb, die ihn nichts kostete. Er übergab Land an Gesellschaften, deren Aktionäre ins Unternehmen Besiedlung investierten und sich davon Profite erhofften. Politisch begleitende Maßnahmen fanden nicht statt, anders als die Spanier schickten die Briten auch keine Soldaten in die Neue Welt. Die Siedler hatten selbst für ihre Verteidigung zu sorgen und alle Aspekte des Zusammenlebens eigenständig zu regeln.

Die Gesellschaft, die hinter dem Unternehmen Jamestown stand, hieß London Company (auch Virginia Company genannt); sie war 1606 zeitgleich mit der Plymouth Company gegründet worden, der das Land

Tabakpflanze und verschiedene Arbeitsschritte bei der Tabakherstellung: Das Aussortieren der Blätter, das Aufrollen der Blätter durch Sklaven und das Pressen. Radierung, um 1750.

im Norden unterhalb des 45. Breitengrades zugewiesen wurde. Beide Gesellschaften hielten sich nicht lange. Als sich die London Company auflöste, wurde Virginia 1624 Kronkolonie.

Dass Jamestown sich etablieren konnte, verdankte es der Hilfe der Indianer, mit denen die Weißen am Anfang noch friedlich umgingen. Hier ist das Mädchen Pocahontas zu nennen, die angeblich Captain John Smith das Leben rettete und ihm zugetan war, dann aber einen anderen John heiratete und mit ihm nach England fuhr, wo sie bald verstarb.

Der erste John war ein geborener Anführer, der es verstand, Leute, die von Gold träumten, zur Landrodung und dem Bau von Hütten zu bewegen. Dem zweiten John, Rolfe mit Nachnamen, gelang es, eine Tabakpflanze zu kultivieren, die bislang nur auf den Karibikinseln gewachsen war. 1614 verschiffte er die erste Ladung und erhielt begeisterte Resonanz aus Europa.

Virginia hatte so seine Existenzberechtigung als Kolonie gefunden. Die lag darin, dem Mutterland einerseits aus Übersee Rohstoffe zuzuführen, die in den heimischen Manufakturen verarbeitet und gewinnbringend weiterverkauft werden konnten, und andererseits Absatzmärkte für britische Waren zu schaffen.

Tabak, später Baumwolle – für die Entwicklung des Südens waren die Weichen gestellt: Die Zukunft lag in der Plantagenwirtschaft, für die man massenweise Arbeitskräfte brauchte. Die Gesellschaft teilte sich in Großgrundbesitzer und rechtlose Arbeiter. Bereits 1619 kamen die ersten Afrikaner in Jamestown an, damals noch als »Indentured Servants«. Erst 1662 wurde der Sklavenstatus erblich und 1705 erließ Virginia ein Gesetz, das Sklaven als vererbbares Grundeigentum (real estate) definierte.

Zeitgleich mit dem, was man rückblickend als Beginn der Sklaverei bezeichnen muss, entsteht in Virginia die erste Form demokratischer Selbstverwaltung in Amerika: das House of Burgesses, Vorbild für die Generalversammlungen, die sich in allen Kolonien etablierten und in denen gewählte Vertreter die politischen und finanziellen Angelegenheiten der Provinz bestimmten,

Indentured Servants

Die Hälfte derjenigen, die in der Kolonialzeit aus Europa nach Amerika kamen, waren Indentured Servants, arme Schlucker, die die Überfahrt nicht bezahlen konnten und sich in der Neuen Welt für eine gewisse Zeit als Schuldknechte verdienen mussten. Schiffseigner und Kapitäne warben Siedler in Europa und schlossen mit ihnen Kontrakte ab. In den Hafenstädten Amerikas verkauften sie die Dokumente und damit die Arbeitskräfte an Plantagenbesitzer im Süden oder Abnehmer im Norden, die Handwerker oder Hauspersonal brauchten.

Die Indentured Servants besaßen nahezu keine Rechte und wenn sie an einen ausbeuterischen oder sadistischen Besitzer gerieten, konnte der ihnen das Leben zur Hölle machen. Dabei waren v. a. Frauen die Leidtragenden: Wurden sie schwanger, mussten sie länger dienen, und dafür konnten die Herren natürlich sorgen. Manche Historiker sehen aber in diesem System auch Positives: Viele Indentured Servants erhielten in ihrer Dienstzeit eine Ausbildung und wenn alles korrekt verlief, bekamen sie je nach Vertrag Land, Lebensmittel oder Vieh – ein Startkapital, auf dem sie ihr freies Leben aufbauen konnten.

Die »Pilger« und der Mayflower Compact

»Und so verließen sie diese gute und angenehme Stadt, die ihnen fast zwölf Jahre lang ein Rastplatz gewesen war; aber sie wussten, sie waren Pilger und gaben nicht viel auf solche Dinge, sondern erhoben die Augen zum Himmel, ihrer liebsten Heimat, und besänftigten ihren Geist.«

Diese Worte schrieb William Bradford, als er zusammen mit seiner Gemeinde das holländische Leiden verließ, in dem die englischen Puritaner Zuflucht gefunden hatten. Zu Hause wurden sie verfolgt – König James I. von England (1603–25) hatte keinen Zweifel daran gelassen, dass er alle, die vom Glauben der anglikanischen Staatskirche abwichen, »zur Konformität bringen oder aber aus dem Land jagen oder noch Schlimmeres tun« werde – und auch in Holland waren die Frommen nicht mehr sicher: 1621 sollte der Waffenstillstand mit Spanien auslaufen und dort wurden Häretiker noch immer verbrannt.

So suchte die Gemeinde eine neue Heimat und beschloss auszuwandern, obwohl auch in den amerikanischen Kolonien englisches Recht galt und auch dort die anglikanische Kirche offiziell Staatskirche war. Freie Religionsausübung zu gewähren hatte James I. abgelehnt. Er war zwar bereit, Strafgefangene zu entlassen, wenn sie als Siedler in die Wildnis gingen, Andersdenkenden gegenüber aber war er nicht bereit, Zugeständnisse zu machen.

Die Gemeindeältesten in Leiden wandten sich über Mittelsmänner an eine Londoner Company, die Siedler suchte, und erwarben ein Schiff, die »Speedwell«, die zusammen mit der »Mayflower« nach Amerika segeln sollte. Auf der »Mayflower« reisten keine »frommen Männer«, es war eine ganz normale Gruppe von Auswanderern, wie sie die Londoner Aktiengesellschaften zusammenstellten: Anteilseigner und Indentured Servants.

Die Schiffe verließen den Hafen am 15. August 1620, aber schon bald stellte sich heraus, dass die »Speedwell« nicht seetüchtig war. Man war zur Umkehr gezwungen, der Schaden ließ sich nicht reparieren und den »Pilgern« blieb keine Wahl: Wer in die Neue Welt wollte, musste die »Mayflower« nehmen.

Am 16. September 1620 stach die »Mayflower« in See und erreichte nach einer turbulenten 65tägigen Überfahrt zwar die amerikanische Ostküste, aber nicht das Ziel, das die Passagiere mit der Londoner Company vereinbart hatten. Sie sollten in der Nähe der Hudsonmündung landen, lagen aber nun vor Cape Cod in Neuengland. Damit ergab sich eine vollkommen neue rechtliche Situation: Diejenigen, die vertraglich an die Londoner Gesellschaft gebunden waren, argumentierten, dass die Company in diesem Gebiet keine Jurisdiktion habe und ihr Vertrag

Die Landung der Pilgerväter auf Cape Cod, 26. November 1620, kolorierte Kreidelithographie, Verlag Currier & Yves 1876.

somit hinfällig sei. Sie seien frei und ohne Verpflichtungen.

Die »Pilger« waren anderer Meinung. Sie fürchteten den Zustand der Rechtlosigkeit. Es war bereits November, ein harter Winter stand bevor, den die Siedler nur überleben würden, wenn sie zusammenhielten. Es kam zu heftigen Auseinandersetzungen an jenem 11. November, als die Mayflower im Hafen von Provincetown lag. Die »Pilger« waren in der Minderheit, sie stellten nur knapp ein Drittel der Betroffenen. Trotzdem gelang es ihnen, den Rest der Gruppe zu überzeugen und sie zur Unterzeichnung eines Dokuments zu bewegen, in dem sie übereinkamen, sich »zu einer politischen Körperschaft von Bürgern zusammenzuschließen ... und gerechte und für alle gültige Gesetze, Verordnungen, Erlasse und Verfassungen zu verfügen und zu geben und Behörden zu schaffen, wie sie zu gegebener Zeit als für das allgemeine Wohl der Kolonie ... am notwendigsten und zweckmäßigsten erscheinen.«

41 Männer unterzeichneten den »Mayflower Compact«, der zum ersten Mal in der Geschichte des Landes eine demokratische Staatsform festschrieb, die auf dem Konsens zwischen Regierenden und Regierten beruht und als erste Verfassung Amerikas angesehen werden kann.

Die Puritaner
Die Puritaner, so genannt, weil sie die Kirche »purifizieren«, also von allem Prunk und Pomp befreien wollten, waren im Wesentlichen Calvinisten. Sie glaubten an Prädestination; die Gewissheit im Zustand der Gnade zu sein, bezog jeder Einzelne aus einem Erleuchtungserlebnis, das in der Regel durch eine Predigt ausgelöst wurde. Als Auserwählte waren sie sich ihrer Privilegien, aber auch ihrer Pflichten bewusst: Lebenslanges Streben, um die göttlichen Gesetze zu verstehen und nach ihnen zu handeln – das verlangte höchste Disziplin, Selbstzucht und Selbstverleugnung. In der ständigen Auseinandersetzung mit der Schrift musste der Erwählte den Willen Gottes erforschen und sich durch ein moralisch untadeliges, arbeitsames Leben seiner besonderen Stellung würdig erweisen. Materieller Erfolg war dabei sehr wichtig, denn ob man zum Heil oder zur Verdammnis vorbestimmt war, erfuhr man auch durch Erfolg oder Misserfolg im Leben.

Die Besiedlung Neuenglands und weitere Kolonisierung der Ostküste

Die erste permanente Siedlung in Neuengland hieß Plimouth. Sie wurde von einem demokratisch gewählten Führer geleitet und verdankt wie Jamestown ihr Überleben der tatkräftigen Hilfe der ansässigen Indianer. Fast die Hälfte der Siedler erkrankte und starb im ersten Winter, doch langfristig erwies sich die Besiedlung Neuenglands als Erfolg. Die in ihrer Heimat verfolgten Puritaner flohen scharenweise über den großen Teich und ganze Gemeinden wanderten geschlossen aus. 1640 lebten bereits 25.000 Weiße in Neuengland.

Die Puritaner waren gebildete und vermögende Männer und so in der Lage, die Aktien der 1629 in London gegründeten Massachusetts Bay Company aufzukaufen. Dabei kam ihnen ein kleiner formaler Fehler in dem Vertrag (Charter) zugute, der die Besiedlung des Gebiets zwischen Merrimack und Charles River regelte. Das Dokument legte keinen Ort für die jährlichen Versammlungen der Aktionäre fest und so konnten die Puritaner den Sitz der Gesellschaft nach Neuengland verlegen und ihre eigenen Regeln anwenden.

Die Regierungsform, die sie wählten, war eine strenge Theokratie. Andersdenkende galten automatisch als Staatsfeinde, die bestenfalls mit Verbannung und schlimmstenfalls mit dem Tod rechnen mussten. Zentrum des Gottesstaates wurde Boston, 1630 gegründet, eine »Stadt auf dem Hügel«, auf die »die Augen aller Leute« gerichtet sein sollten, so John Winthrop, der Gouverneur der Massachusetts Bay Company.

Auch wenn die Kirchenväter von Massachusetts streng waren – die Besiedlung Neuenglands verlangte geradezu nach puritanischen Tugenden: Die Böden waren karg, die Landwirtschaft lieferte keine Produkte, die in England begehrt waren. Neuengland hatte Bäume und Fisch und der getrocknete Kabeljau war in den Anfangsjahren das wichtigste Handelsgut. Da England diese Ware nicht abnahm, suchte man andere Absatzmärkte: Spanien, Portugal und die karibischen Inseln.

Wie im Süden, war also auch im Norden der Weg bereits sehr früh vorgezeichnet: Die Neuengländer wurden Seefahrer und Kaufleute, schon früh entwickelte sich die maritime Industrie zum wichtigen Erwerbszweig. Als Männer der Schrift sorgten sich die Puritaner zudem um die Bildung ihres männlichen Nachwuchses. »Wir fürchteten, der Gemeinde eine ungebildete Priesterschaft zu hinterlassen, wenn unsere Geistlichen unter der Erde liegen werden« – und so wurde schon 1636 vor den Toren Bostons ein College gegründet: Harvard, die älteste Universität der USA. 1639 nahm hier die erste Druckerei in den Kolonien ihren Betrieb auf.

Als Kaufleute betrieben die Neuengländer ihr Geschäft sehr geschickt und entdeckten, dass die Westindischen Inseln der ideale Handelspartner waren, denn dort zahlte man mit Melasse. Und daraus ließ sich in Neuengland Rum herstellen und der wiederum fand nicht nur in England, sondern v.a. in Afrika guten Absatz. Mit Rum kaufte man Sklaven, die man im Süden oder auf den Westindischen Inseln verkaufte, dafür erhielt man Melasse, aus der Rum wurde, den man gegen Sklaven tauschte usw.

Religiöse Differenzen – neue Kolonien
Die Intoleranz der Priesterkaste von Massachusetts führte dazu, dass viele gemäßigtere Puritaner sich andere Lebensräume suchten und ins benachbarte, 1623 gegründete New Hampshire abwanderten. Auch zwei neue Kolonien verdanken ihre Entstehung dem rigiden Regiment der Orthodoxen: Connecticut (1635) und Rhode Island, beide wie Massachusetts Charterkolonien, die sich selbst regierten.

Rhode Island entwickelte sich aus zwei Siedlungskernen: 1635 erhielt der Kirchenälteste Roger Williams die Order, dass er wegen »neuer gefährlicher Ansichten« das Hoheitsgebiet von Massachusetts zu verlassen habe und floh nach Süden, wo er den Grundstein für die Stadt Providence legte. Zwei Jahre später traf der Bann auch Anne Hutchinson, die ebenfalls gewagt hatte, die Schrift anders auszulegen als die Kirchenväter. Ein doppeltes Sakrileg: War sie doch eine Frau, und die hatten in der autoritär-patriarchalischen Gesellschaft nichts zu sagen und v. a. in der Kirche zu schweigen. Dass eine mitredete und sich noch dazu mit Witz, Geist und profunder Bibelkenntnis gegen die Vorwürfe der Amtskirche wehrte, traf die herrschenden Männer in ihrem Selbstverständnis.

Anne Hutchinson folgte Roger Williams nach Süden und ließ sich mit ihren Anhängern auf Aquidneck Island, später Rhode Island genannt, nieder. Rhode Island und Providence Plantations vereinten sich ein paar Jahre später und legalisierten ihren Status als Charterkolonie. Anne Hutchinson ging damit als die einzige Frau in die Geschichte ein, die an der Gründung einer Kolonie beteiligt war. Die Verfassung, die sich der Städtebund gab, war überaus liberal, verankerte die Trennung von Kirche und Staat und nahm alle auf, die im Nachbarstaat verfolgt wurden: Quäker, Hugenotten und Juden.

Dieser sogenannte Dreieckshandel bildete die Grundlage des Reichtums der ehrenwertesten Familien Neuenglands, die wohlgemerkt selbst kaum Sklaven hielten und wenn, dann nur als Haushaltskräfte. Rhode Island hatte schon 1652 ein Gesetz gegen Sklaverei erlassen, trotzdem wäre Newport ohne seine Rumdestillationen nie zu Ansehen und Reichtum gekommen: Mehr als zwei Drittel der versklavten Afrikaner wurden auf Schiffen des kleinen Staates Rhode Island transportiert.

Nachdem die ersten wirtschaftlichen Erfolge zu verzeichnen waren, ging die Gründung von Kolonien schnell voran und es war, trotz des Anspruchs, den der englische König auf das Land erhob, nicht zu vermeiden,

T'Fort nieuw Amsterdam op de Manhatans, kolorierter Kupferstich, nach 1614.

dass auch andere Länder Begehrlichkeiten anmeldeten. So entstand am Delaware River ab 1638 ein »Neues Schweden«, das aber nicht lange florierte und 1655 von Holland erobert wurde. Dessen Ostindien-Kompanie hatte sich einen strategisch besonders günstigen Platz ausgesucht und an der Mündung des Hudson 1625 die Siedlung Nieuw Amsterdam gegründet. Ein viel versprechender Handelsposten, in dem ein buntes Völkergemisch lebte. Ein Missionar berichtete 1643, dass man auf »der Insel von Manhate und in ihrer Umgebung« 18 verschiedene Sprachen hören könne – und jedes vierte Gebäude eine Kneipe beherbergte. Peter Stuyvesant, der letzte holländische Gouverneur, mühte sich 17 Jahre lang vergeblich, Ordnung in diese – nach seinen Worten – »verschlampte, versoffene und verlogene Gemeinde« zu bringen und machte sich dabei so unbeliebt, dass ihm keiner zu Hilfe kam, als 1664 britische Kriegsschiffe in den Hafen einfuhren. Stuyvesant musste die Stadt kampflos übergeben. Aus Nieuw Amsterdam wurde New York.

Diese militärische Aktion zeigt, wie sich die Einstellung der englischen Regierung im Lauf des 17. Jh.s geändert hatte – vom Laisser-faire zum aktiven Eingreifen. Florida war noch in spanischer Hand, in Kanada erhoben die Franzosen Ansprüche, ansonsten aber hatte sich Großbritannien als Kolonialmacht an der Ostküste fest etabliert.

Das gesteigerte Interesse des Mutterlandes an seinen überseeischen Besitzungen äußerte sich auch darin, dass sich das Königshaus immer mehr einmischte, Freibriefe widerrief und Kronkolonien schuf, in denen ein königlicher Gouverneur seines Amtes waltete. Die Institution der Generalversammlung verlor dabei nicht an Bedeutung und die gewählten lokalen Autoritäten versuchten natürlich, möglichst viele Rechte in ihrer Hand zu vereinen. In Massachusetts endete mit dem Status als Kronkolonie (1691) die Theokratie der Puritaner.

Neben Neuengland gab es noch zwei Kolonien, die aus religiösen Gründen entstanden. Maryland, 1634 vom 2. Baron Baltimore gegründet als Refugium für seine katholischen, englischen Glaubensgenossen, die in ihrer Heimat nicht wohlgelittenen waren. Und Pennsylvania, das nach seinem Gründer William Penn benannt wurde.

Penn war Quäker, Angehöriger einer religiösen Gruppe, die weder in der Alten, noch in der Neuen Welt gern gesehen war: In England wurden sie verfolgt, in Boston aufgehängt. William Penn, dessen väterliches Erbe ihm den Anspruch auf Land von der Krone zusicherte, erbat sich von König Charles II. von England Grundbesitz in Übersee, um dort sein »heiliges Experiment« durchzuführen. Der König stimmte zu. »Er war froh, uns loszuwerden«, schrieb Penn an einen Freund, »und das zu so billigem Preis wie dem eines Stückchens Pergament, das sich auf eine Wüste 3000 Meilen weit weg bezog.«

Wüste war es nun freilich keine, in die der König Penn 1681 schickte, sondern fruchtbares Wald- und Ackerland. Ideal also, um Penns Vorstellung seiner »Stadt der brüderlichen Liebe« zu realisieren, einer »grünen ›Country Towne‹, die immer der Gesundheit förderlich sein wird« und in der die Quäker Ruhe finden und ihre Idee von der Einheit aller Christen verwirklichen konnten. Eine tolerante, nach den Grundsätzen der Gleichheit aufgebaute Gesellschaft, in der es weder Sklaverei noch Kriegsdienst gab, schwebte der »Gesellschaft der Freunde« vor und Penn schuf die Grundlage dafür, dass diese Träume wahr werden konnten: Er schloss mit den Indianern einen Friedensvertrag – und brach ihn nicht. In seiner Stadt Philadelphia gab es keine Festungen oder Garnisonen, dafür aber Kranken- und Irrenhäuser. In seiner Kolonie war jeder willkommen, auch die 34 Krefelder, die 1683 bei Philadelphia Germantown gründeten, eine Siedlung, die rasch wuchs und prosperierte und den Beginn der Geschichte der Deutschamerikaner markiert.

Als letzte der 13 Kolonien wurde 1732 Georgia gegründet mit der philanthropischen Idee, Schuldnern einen Neubeginn zu ermöglichen und mit dem militärischen Kalkül, eine Pufferzone zum spanischen Florida zu schaffen. Doch die Spanier waren es nicht, mit denen es schließlich zu kriegerischen Auseinandersetzungen kam, sondern die Franzosen, die von Kanada aus nach Süden drängten. Und so nutzten die Briten die Gelegenheit, die der Siebenjährige Krieg in Europa bot, und zogen auch in Übersee gegen die Franzosen zu Felde. French and Indian War hieß die amerikanische Variante des Kriegs, der 1754 begann, 1759 zum Fall von Quebec führte und 1763 mit dem Frieden von Paris endete.

Die 13 Kolonien
(Gründungsjahr, Status 1750)

Virginia,	gegründet 1607, Kronkolonie
Massachusetts,	gegründet 1620, Kronkolonie
New Hampshire,	gegründet 1623, Kronkolonie
New York,	gegründet 1624, Kronkolonie
New Jersey,	gegründet 1633, Kronkolonie
Maryland,	gegründet 1634, Eigentümerkolonie
Connecticut,	gegründet 1635, sich selbst regierende Charterkolonie
Rhode Island,	gegründet 1636, sich selbst regierende Charterkolonie
Delaware,	gegründet 1638, Eigentümerkolonie
Pennsylvania,	gegründet 1643, Eigentümerkolonie
North Carolina,	gegründet 1653, Kronkolonie
South Carolina,	gegründet 1670, Kronkolonie
Georgia,	gegründet 1732, Kronkolonie

Hexenverfolgung

Anfang der 1690er Jahre kam es in Salem, Massachusetts, zu einer Hysterie, die 19 Menschen das Leben kostete. Sie waren angeklagt, mit dem Teufel im Bund zu stehen. Erst als 400 Menschen angeklagt waren und 150 im Kerker saßen, verbot der Gouverneur 1693 weitere Hexenprozesse.

Die Hauptakteure bei den Vernehmungen war eine Gruppe von Mädchen zwischen acht und 17 Jahren. Sie galten als verhext und wenn sie jemanden als Hexe bezichtigten, wurde das als Beweis gewertet.

Der Autor Nathaniel Hawthorne (1804–64) thematisiert in seinen Werken explizit den Puritanismus Neuenglands und die Ereignisse von 1692/93: In »The House of the Seven Gables« (1851) werden die Nachkommen der Hexenverfolger mit den Konsequenzen des begangenen Unrechts konfrontiert.

1953 schuf Arthur Miller (1915–2005) das Drama »The Crucible«, in dem er Massenhysterie an den Pranger stellt. Aus damals aktuellem Anlass: In den 1950er Jahren veranstaltete Senator Joseph McCarthy eine wahre Hexenjagd gegen Künstler, Intellektuelle, Liberale und andere vermeintliche Kommunisten.

Der König und die Kolonisten

Der French and Indian War (1754–1763) stellte einen entscheidenden Wendepunkt in der Geschichte Amerikas dar. Die Franzosen waren vertrieben, und das hatte auch Konsequenzen für die Indianer. Für sie, die sich bislang arrangiert hatten, indem sie militärische und wirtschaftliche Allianzen mit den Briten oder Franzosen eingingen, die ihnen geschäftlich oder politisch Vorteile brachten, fiel der zweite Bündnispartner aus: Sie waren, was die Preise für ihre Waren, v. a. Felle, die sie an den Handelsposten im Landesinneren gegen europäische Produkte tauschten, nun ausschließlich von den Briten abhängig.

Dass der englische König Georg III. 1763 eine Demarkationslinie entlang des Kamms der Appalachen zog und den Weißen westlich des Bergzugs die Besiedlung verbot, beeindruckte die Ureinwohner nicht. Erstens sahen sie sich nicht als Untertanen des Königs, sondern als freie Stämme. Und zweitens gab es keine Möglichkeit, das Gesetz durchzusetzen. Seit den 1740er

Boston Tea Party, kolorierte Lithografie, Verlag Currier & Ives 1846. Als Indianer verkleidete Kolonisten werfen im Hafen von Boston aus Protest gegen Importzölle und das Teemonopol die Ladung britischer Teeschiffe ins Wasser.

Die Boston Tea Party

Samuel Adams war eine der interessantesten Persönlichkeiten unter den Rebellen oder »Patrioten«, wie sie sich nannten. Als begeisterter Anhänger der Sache der Kolonien und brillanter Redner mobilisierte er die Massen. So auch am 16. Dezember 1773: Tausende drängten sich in der Kirche, standen lärmend, Parolen brüllend vor dem Old South Meeting House. Die Stimmung war aufgeheizt, über 14 Tage hatte man nun schon mit dem britischen Gouverneur über die Tee-Steuer verhandelt. Der Tee lag in vielen Hafenstädten der Ostküste auf Schiffen der East India Company und wartete darauf, entladen zu werden. Die Kolonisten aber weigerten sich, die Ladungen zu löschen, weil sie die Teesteuer nicht zahlen wollten, die Großbritannien forderte. In den meisten anderen Städten einigte man sich und die Schiffe transportierten ihren Tee wieder zurück nach England. Nicht so in Boston. Der britische Gouverneur wollte ein Exempel statuieren. Er ließ die Hafenausfahrt sperren, schickte zwei Kriegsschiffe in die Bucht.

Als diese Entscheidung am Abend des 16. Dezember verkündet wurde, erhob sich auf das Stichwort von Samuel Adams vor dem Old South Meeting House ein Kriegsgeheul und etwa 90 als Indianer verkleidete Angehörige der patriotischen Geheimorganisation »Sons of Liberty«, stürmten, gefolgt von der johlenden Menge, zum Hafen und auf die drei Teeschiffe, wo sie 342 Kisten öffneten und den Tee ins Meer schütteten.

Jahren hatten sich große Gesellschaften gebildet, die bereits mit Grund und Boden im Westen spekulierten. Die Forderung des Königs, das Gebiet zu räumen, blieb Makulatur, erregte aber die Gemüter der landhungrigen Weißen. Der Zug nach Westen hatte sich bereits in Bewegung gesetzt, die Bevölkerung – im Jahr 1700 rund 25.000 Menschen – war zur Mitte des 18. Jh.s auf 1,2 Mio. gestiegen und von 1750–1760 noch einmal um 400.000 angewachsen. Der Ansturm konzentrierte sich v. a. auf die Kolonien südlich von New York.

Die Tür nach Westen zu schließen, war nicht die einzige unpopuläre Entscheidung, die die Regierung in London fällte. Die Briten brauchten nach dem Siebenjährigen Krieg Geld und das wollten sie in den Kolonien erwirtschaften. London hatte bereits einige Gesetze erlassen, die für die Amerikaner bindend waren, wie z. B. den Molasses Act von 1733, nach dem auf Melasse, die nicht von den britischen Karibikinseln stammte, Zoll zu zahlen war. Die britischen Inseln lieferten aber nicht genug, um den enormen Bedarf der neuenglischen Destillationen zu decken und so schmuggelten die Kaufleute ihre Waren, was ohne Konsequenzen blieb.

Als Ende 1760 Georg III. den britischen Thron bestieg, waren die Jahrzehnte der »wohlwollenden Vernachlässigung« der Kolonien durch das Mutterland vorbei. Großbritannien erließ Durchsuchungsbefehle (Writs of Assistance 1761), um die Schmuggler aufzuspüren, erneuerte und verschärfte den Molasses Act durch den Sugar Act (1764), stationierte Truppen, für deren Einquartierung und Verpflegung die Kolonisten sorgen mussten (Quatering Act 1765). Diese Maßnahmen trafen die neuenglischen Kaufleute besonders hart und so ist es kein Wunder, dass die ersten Proteste aus dem Norden kamen und Boston zum Zentrum einer Bewegung wurde, die 1761 begann und 1776 mit der Unabhängigkeitserklärung endete.

Die Briten erließen Steuergesetze (Stamp Act 1765, Townshend Act 1767) und schufen Instrumentarien, um die Gelder einzutreiben. Darauf reagierten die Kolonisten mit Protesten und Boykotten britischer Waren, sodass sich der König gezwungen sah, Gesetze zu widerrufen. Dass er, um die vor dem Ruin stehende East India Company zu unterstützen, als einzige Steuer die auf Tee beibehielt, führte 1773 zur Boston Tea Party.

In London schlugen die Wellen hoch, der König forderte ausdrücklich die Bestrafung von Massachusetts, seiner aufsässigsten Kolonie, man heckte einen ganzen Katalog von Strafmaßnahmen aus, die Coercive Acts (1774). Der Hafen von Boston wurde geschlossen, die militärische Präsenz verstärkt und die Selbstverwaltung der Kolonie aufgehoben: Der königliche Gouverneur hatte nun das Recht, Ämter wie Richter und Generalstaatsanwalt zu besetzen, als Gerichtsstand konnte London gewählt werden.

Nun ging es nicht mehr um die Frage, ob Großbritannien ein Recht habe, seine Kolonien zu besteuern, es ging um die Einmischung des Mutterlandes in die inneren Angelegenheiten. Nach einer Protestrede ließ der königliche Gouverneur von Virginia 1774 das House of Burgesses auflösen, die älteste demokratische Selbstverwaltung des Landes.

Der Krieg hatte zudem die Bevölkerung dezimiert und wirtschaftliche Probleme gebracht, die besonders die Unterschicht trafen. V. a. in den Städten war die Zahl der Armen immens – in Boston besaßen 1771 29 % der erwachsenen, männlichen Bevölkerung kein zu versteuerndes Einkommen. Die Zahl der Unzufriedenen, die sich agitieren ließen, war groß und manche Massendemonstration war nicht vorrangig politisch motiviert, sondern Ausdruck der allgemeinen Unzufriedenheit, den die Führer der Bewegung nutzten.

Diese Führer kamen aus der Oberschicht: Kaufleute, Anwälte, Plantagenbesitzer. Sie hießen, um nur die bekanntesten Namen zu nennen, James Otis, Samuel Adams, John Hancock, Thomas Jefferson, John Adams, Richard Henry Lee, George Washington, Thomas Paine.

Otis wird rückblickend als Vater des »Kindes Unabhängigkeit« bezeichnet wegen seiner Rede, die er 1761 gegen die Writs of Assistance hielt. 1764 formulierte der Jurist, dass eine Besteuerung der Kolonien nur zulässig sei, wenn deren Vertreter auch einen Sitz im Parlament hätten: »No taxation without representation.« Diese Forderung stand in den ersten Jahren der Auseinandersetzung im Vordergrund, der Zorn der Kolonisten richtete sich gegen das Parlament, nicht gegen den König. Der Wunsch nach Unabhängigkeit wurde erst in der Endphase der Auseinandersetzung laut: Im Januar 1776 erschien die Schrift »Common Sense«, in der Thomas Paine den englischen König George III. und die Monarchie in massiver Form angriff. Innerhalb von drei Monaten wurden 120.000 Exemplare des Pamphlets verkauft. Zum ersten Mal setzte sich nun eine breite Öffentlichkeit mit dem Gedanken einer Loslösung der Kolonien vom Mutterland auseinander.

Bereits die ersten Steuergesetze, die besonders die nördlichen Kolonien betrafen, die vom Handel lebten, hatten zu einer Solidarisierung geführt. Als Massachusetts 1765 zum ersten interkontinentalen Treffen in New York aufrief, kamen bereits Vertreter von sechs Kolonien. Von nun an blieb man in Kontakt und handelte gemeinsam. Den Boykott britischer Waren, zu dem Samuel Adams 1768 im Circular Letter aufforderte, unterstützten schon alle Kolonien. Und nach den Strafmaßnahmen gegen Boston tagte 1774 der Erste Kontinentalkongress in Philadelphia, auf dem nur Georgia nicht vertreten war. Auf diesem Kongress wurden die Maßnahmen Englands seit 1763 verurteilt, die Treue zum König aber betont.

Doch Georg III. stimmte Ende März 1775 einem Gesetz des Parlaments zu, das den Handel der Neuengland-Kolonien beschränkte und zwei Wochen später auch auf New Jersey, Pennsylvania, Maryland, Virginia und South Carolina ausgedehnt wurde. In Massachusetts hatten die Rebellen inzwischen aufgerüstet und auch aus Virginia waren Forderungen zur Aufstellung einer Armee gekommen.

Zum ersten bewaffneten Zusammenstoß kam es am 19. April 1775. Die in Boston stationierten Briten hatten erfahren, dass sich in der Nähe der Stadt, im etwa 35 km entfernten Concord, ein Waffenlager der Rebellen befand und sandten Truppen aus, um das Lager durch einen Überraschungsangriff zu zerstören und vermutlich auch die Führer der Bewegung, Samuel Adams und John Hancock, die sich in Lexington aufhielten, zu verhaften. Doch stattdessen sahen sie sich bald bewaffneten Farmern gegenüber. Die ersten Schüsse fielen bereits in Lexington. Die Briten marschierten weiter nach Concord. Dort, an der North Bridge, griffen die Amerikaner an, es gab Tote, Verwundete. Der Rückzug nach Boston wurde für die Briten zum Spießrutenlauf: Aus allen Dörfern tauchten aufgebrachte Farmer auf, von allen Seiten wurden sie attackiert.

Damit begann der Revolutionskrieg: Mit einem Sieg bewaffneter Bauern über die hochgerüsteten Briten. Und das Glück war weiter auf der Seite der Rebellen: Im Mai eroberten sie Fort Ticonderoga und erbeuteten schwere Geschütze. Im Juni endete die Schlacht von Bunker Hill, die sich gegen die Belagerung Bostons richtete, zwar formal mit einer Niederlage, aber psychologisch war sie ein Erfolg: Die Kolonisten, zahlenmäßig unterlegen und schlecht ausgerüstet, hatten den Briten beträchtliche Verluste zugefügt. Und im Dezember wurde die Armee der Königstreuen, die der Gouverneur von Virginia zusammengestellt hatte, von Männern aus Virginia und North Carolina vernichtend geschlagen.

Bereits im Mai 1775 hatte der Zweite Kontinentalkongress in Philadelphia beschlossen, die Kolonien in den Verteidigungszustand zu versetzen, im Juni wurde George Washington zum Oberbefehlshaber der Kontinentalarmee bestimmt. Noch immer strebte man eine Einigung mit dem König an, doch der lehnte alle Ver-

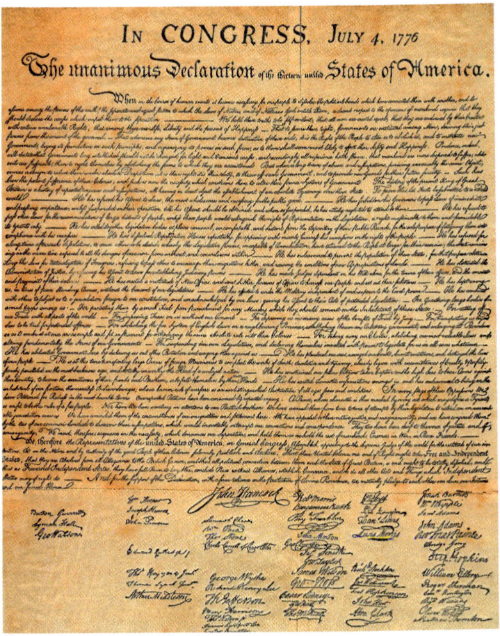
IN CONGRESS, JULY 4, 1776

The unanimous Declaration of the thirteen united States of America.

Die Unabhängigkeitserklärung der Vereinigten Staaten von Amerika trägt 57 Unterschriften.

söhnungsangebote ab und verkündete im Dezember, dass ab März 1776 der Handel mit den Kolonien untersagt sein werde. Damit nahm er den Kolonisten jede Möglichkeit, sich am Leben zu erhalten, ohne gegen britische Gesetze zu verstoßen. So trieb er sie in die Arme Frankreichs und Spaniens, die sich als Handelspartner und Waffenlieferanten anboten.

Jetzt war der Bruch nicht mehr zu vermeiden. Die radikalen Kräfte, die für eine Loslösung von Großbritannien waren, bildeten nun die Mehrheit im Kongress. Der holte im April zum Gegenschlag aus und verbot britischen Schiffen den Zugang zu amerikanischen Häfen. Im Juni wurde ein Komitee gebildet, das unter dem Vorsitz von Thomas Jefferson die Unabhängigkeitserklärung formulieren sollte. Die wurde am 4. Juli 1776 – mit Ausnahme von New York – von allen Kolonien angenommen und enthielt u. a. auch die Formulierung,

»dass diese Vereinigten Kolonien freie und unabhängige Staaten sind und es von Rechts wegen sein sollen«. Und 13 Jahre vor der Französischen Revolution heißt es, »dass alle Menschen gleich geschaffen sind; dass sie von ihrem Schöpfer mit gewissen unveräußerlichen Rechten ausgestattet sind; dass dazu Leben, Freiheit und das Streben nach Glück gehören; dass zur Sicherung dieser Rechte Regierungen unter den Menschen eingesetzt werden, die ihre rechtschaffene Macht aus der Zustimmung der Regierten herleiten …«.

Ruhm dem, der sich reimt: Paul Revere

Paul Revere ist der Wilhelm Tell Amerikas: Er steht auf Denkmälern, reitet über Gedenkmünzen und hat in Massachusetts seinen eigenen Feiertag: Patriot's Day. Ein Portrait des Malers John Singleton Copley aus dem Jahr 1768 zeigt ihn mit einer silbernen Teekanne – Revere war Silberschmied, Zahnarzt, Erfinder, politischer Karikaturist und v. a. glühender Patriot. Die Nachwelt und jedes amerikanische Kind kennt ihn als Reiter: Als solcher war er in wichtiger Mission unterwegs, so ritt er z. B. als Botschafter von Massachusetts 1774 zum Ersten Kontinentalkongress nach Philadelphia.

Nachruhm aber brachte ihm ein Ausritt in die Nachbarschaft – der von Boston nach Lexington in der Nacht vom 18. auf den 19. April 1775, als er zusammen mit William Dawes die Rebellen vor 700 britischen Soldaten warnte. Einer der damals bekanntesten Dichter Amerikas, Henry Wadsworth Longfellow (1807–1882), schrieb eine Ballade, die mit den Worten beginnt: »Listen, my children, and you shall hear/ Of the midnight ride of Paul Revere«. Das Gedicht, im »Atlantic Monthly« veröffentlicht, wurde sehr bekannt und hob Revere in den Stand eines Nationalhelden. William Dawes hingegen blieb ungenannt – sein Name war nicht reimfähig.

»Dem Himmel entriss er den Blitz, dem Tyrannen das Zepter«: Benjamin Franklin

Joseph-Siffred Duplessis, *Porträt von Benjamin Franklin,* Öl auf Leinwand, um 1785, Washington, National Portrait Gallery, Gift of the Morris and Gwendolyn Cafritz Foundation.

Weltweit bekannt wurde Benjamin Franklin durch seine Experimente mit Elektrizität und die Erfindung des Blitzableiters. Neben seinen Erfindungen rief er eine Akademie sowie Lese- und Debattiergesellschaften ins Leben, war Freimaurer, Freidenker, Erfinder, Politiker, Diplomat. Der Autodidakt Franklin war der Prototyp des Aufklärers des 18. Jh.s und spielte in der Unabhängigkeitsbewegung eine entscheidende Rolle. Nicht als Demagoge, sondern als kluger Ideengeber, der dafür sorgte, dass Ideale wie religiöse Toleranz sowie Rede- und Pressefreiheit in der Verfassung verankert wurden. Von herausragender Bedeutung ist seine Tätigkeit während des Unabhängigkeitskrieges in Europa: Er spann die Bündnispolitik mit Frankreich, besorgte Waffen für Amerika und wirkte entscheidend dabei mit, dass die erkämpfte Unabhängigkeit auch von Europa anerkannt wurde.

Benjamin Franklin wurde 1706 in Boston als Sohn eines Kerzenziehers geboren. Er war das 15. von 17 Kindern. Nach ein paar Jahren Schulbesuch trat er ins elterliche Geschäft ein und wurde dann Lehrling in der Druckerei des Bruders. Nach familiären Reibereien verließ er Boston 1723 heimlich und begab sich in die Quäker-Stadt Philadelphia, wo ihm in kurzer Zeit der Aufstieg gelang. Er kaufte eine Zeitung und wurde zur herausragenden Persönlichkeit im öffentlichen und geistigen Leben der Stadt. Mit 42 Jahren hatte er sein Vermögen gemacht und zog sich aus dem Geschäftsleben zurück, um sich seinen wissenschaftlichen Experimenten und der Politik zu widmen.

Bereits 1754, als der French and Indian War ausbrach, und sich Abgesandte von sieben Kolonien in Albany, New York, trafen, um über einen Vertrag mit den Irokesen zu beraten, unterbreitete Franklin einen Vorschlag zur Einigung der Kolonien. Der wurde zwar abgelehnt, doch ein erster Schritt in Richtung Union war getan. In den darauf folgenden Jahren war Franklin als Vertreter verschiedener Kolonien in London tätig, als Delegierter Pennsylvanias bekämpfte er den Stamp Act – mit Erfolg, London hob das Gesetz wieder auf. Zurückgekehrt wurde er Mitglied des Zweiten Kontinentalkongresses und übernahm die wichtige Aufgabe, als »General Postmaster« ein Kommunikationssystem zwischen den Kolonien aufzubauen. Und schließlich war er am Entwurf der Unabhängigkeitserklärung beteiligt und einer ihrer Unterzeichner.

Während Amerika mit England Krieg führte, sorgte Franklin in Frankreich für Kredite, Waffen und Verbündete. Berühmt durch seine wissenschaftliche Arbeit, alterwürdiger Vertreter einer jungen Republik, wurde er bald zum Mythos und prägte das Bild des unprätentiösen Amerikaners, des Mannes der Tat und pragmatischen Philosophen. Er spielte »meisterhaft die damals so beliebte Rolle des schlichten Bürgers und geraden Republikaners ... Seine schmucklose Kleidung, sein ungepudertes Haar, seine bescheidenen Manieren erregten das Entzücken aller Salons. Man verglich ihn mit Fabius und Brutus, Plato und Cato, sein Bild wurde überall verkauft, sodass sein Gesicht, wie er an seine Tochter schrieb, so bekannt war wie das des Mondes. »Er wusste ganz genau, dass es sich nur um eine Mode handelte, und nutzte sie als schlauer Geschäftsmann für seine Zwecke«, schrieb Egon Friedell in der »Kulturgeschichte der Neuzeit«.

1782 unterzeichnete Franklin als einer von vier amerikanischen Unterhändlern in Paris einen vorläufigen Friedensvertrag mit England. Seinem diplomatischen Geschick ist es zu verdanken, dass eine ernsthafte Verstimmung Frankreichs, das bei den Verhandlungen nicht konsultiert worden war, verhindert werden konnte. Nach Amerika zurückgekehrt, nahm der 81jährige 1787 an der verfassungsgebenden Versammlung in Philadelphia teil und auch hier vermittelte er zwischen den Staaten und deren unterschiedlichen Interessen. Als er am 17. April 1790 in Philadelphia starb, war die Verfassung bereits in Kraft getreten. Die Union, von der Franklin schon 1754 geträumt hatte, war zur Realität geworden.

Erkämpfte Unabhängigkeit

Als Reaktion auf die Unabhängigkeitserklärung verstärkte König Georg III. seine Truppen, sodass sein General George Howe schon im August 1776 mit 32.000 Soldaten auf Staten Island, heute ein Teil von New York City, landen konnte. In seinem Söldnerheer befanden sich auch etwa 9000 junge deutsche Männer, die von ihren Landesherren eingefangen und an den britischen König verkauft worden waren. Sie hatten nicht die geringste Ausbildung zum Kriegsdienst und entsprechende Verluste zu tragen; viele liefen zu den Amerikanern über. Insgesamt wurden rund 30.000 Deutsche als Soldaten im Unabhängigkeitskrieg eingesetzt, zahlreiche Überlebende blieben in Amerika. Sie gingen, gleich aus welcher Region sie stammten, als »Hessians« in die Geschichte ein – die Landgrafen von Hessen-Kassel hatten nämlich besonders viele Söldner geliefert.

General Howe stellte sich George Washington entgegen, eroberte New York und richtete dort das britische Hauptquartier ein. Im September 1777 schlug er Washington bei Germantown und besetzte Philadelphia. Der Kongress, der in der Stadt getagt hatte, musste fliehen.

Der Wendepunkt im Unabhängigkeitskrieg kam im Oktober 1777. Nachdem die Amerikaner in Saratoga im Norden New Yorks den Befehlshaber der gegnerischen Truppen zur Kapitulation gezwungen hatten, trat Frank-

Washington überquert den Delaware, kolorierte Kreidelithographie (nach Emanuel Gottlieb Leutze), Verlag Currier & Ives um 1860.

reich auf den Plan: Es schloss mit den amerikanischen Vertretern in Paris einen Handels- und Allianzvertrag, im Juli 1778 landeten französische Truppen in Newport, Rhode Island, um die Kontinentalarmee zu unterstützen.

Der ursprüngliche britische Plan war gewesen, Neuengland einzunehmen. Nachdem sie im Norden jedoch wenig Glück hatten, änderten die Briten die Taktik und wandten sich nach Süden, wo sie mit der Unterstützung der königstreuen Amerikaner rechneten. Der britische Feldzug im Süden verhieß Erfolg: Im Dezember 1778 eroberten sie Savannah, Georgia, und begannen Anfang 1780 mit der Belagerung einer Stadt, die damals noch nach dem britischen König Charles Town hieß und ihren Namen nach dem Krieg in Charleston änderte. Charles Town war ein wichtiger Hafen und das Zentrum der Rebellen im Süden, die mit 5000 Mann in den Stadtmauern festsaßen. Nach 42 Tagen Belagerung fiel Charles Town – für die Amerikaner die schwerste Niederlage in diesem Krieg. Mittlerweile hatte Washington mit meuternden Truppen zu kämpfen, die schlecht verpflegt wurden und über Monate keinen Sold erhalten hatten. Im August verlor die Kontinentalarmee die Schlacht von Camden in South Carolina, die Briten erlitten dabei allerdings große Verluste.

Im Jahr 1781 wendete sich die Situation: Die französischen Truppen und die Kontinentalarmee vereinten sich, während die Briten auf zwei Stützpunkte verteilt waren: General Henry Clinton hielt sich in New York auf, General Charles Cornwallis, der immer mehr in Bedrängnis geriet, stationierte seine Truppen auf der Halbinsel Yorktown in Virginia. Die Franzosen schlugen die britische Flotte und Yorktown wurde belagert. Die Entsatztruppen Clintons ließen auf sich warten und am 18. Oktober 1781 kapitulierte Cornwallis. 1783 wurde der Friedensvertrag in Paris unterzeichnet: Die Unabhängigkeit war erkämpft und anerkannt.

Nebenkriegsschauplätze

Von 1775–1783 fanden die kriegerischen Handlungen im Nordosten statt und verlagerten sich später nach Süden. Handel und Wirtschaft des Landes litten, aber die Entwicklung innerhalb des heutigen kontinentalen Staatsgebiets ging weiter – im Osten parallel zu den Kriegshandlungen, im Westen ungestört davon.

Expansion nach Westen

Im März 1775 brach der Jäger und Trapper Daniel Boone mit 30 Holzfällern auf, um die rund 480 km lange Wilderness Road in die Wälder zu schlagen, eine Straße, die von Virginia über North Carolina und Pennsylvania durch die Cumberland Gap nach Kentucky führte. Sein Auftraggeber, die Transylvania Company, erwarb im selben Jahr Land von den Cherokesen, um dort die Kolonie Transylvania zu etablieren. Im April gründete Boone Boonesborough am Kentucky. Nach Auseinandersetzungen mit Indianern annektierte Virginia das Territorium und schob seine Grenze damit weit über die 1763 von King George III. festgelegte Demarkationslinie hinaus, die die Weißen östlich des Appalachenkammes halten sollte.

Boone, der Kentucky fast im Alleingang erschloss, gilt als Prototypus des »frontierman« und wurde schon zu seinen Lebzeiten zur Legende. Seine 1782 erschienene Biografie transportierte den Mythos vom Amerikaner als furchtlosem, die Naturgewalten und die Indianer bändigenden Pionier auch nach Europa – der Westernheld war geboren.

Daniel Boone, Holzstich nach einem Gemälde von A. Chappel, 19. Jh.
Der Jäger und Trapper Daniel Boone war das Vorbild für James Fenimore Coopers Hauptfigur Nathaniel Bumppo in seinen »Lederstrumpf«-Romanen.

Mason-Dixon-Line

Nach Streitigkeiten zwischen Maryland und Pennsylvania, die schon unter dem 2. Baron Baltimore und William Penn begonnen hatten, legte Großbritannien 1769 die Grenze zwischen den beiden Kolonien fest. Sie wurde aufgrund von Messungen gezogen, die die Briten Charles Mason und Jeremiah Dixon 1763–67 durchgeführt hatten, und trennte nicht nur

Territorien, sondern auch Ideologien: Maryland hielt Sklaven, in Pennsylvania war das verboten. Die 1784 in westlicher Richtung weitergeführte Linie erhielt als Mason-Dixon-Line politische Bedeutung: Sie wurde zur Trennlinie zwischen den sklavenhaltenden und den sklavenfreien Staaten.

Der Königsweg

Während an der Ostküste die Republik erkämpft wurde, entstand an der Westküste ein »königlicher Weg«, der Camino Real. Dem spanischen König ging es darum, seinen Herrschaftsanspruch auf Alta California zu sichern, bevor andere europäische Siedler oder die Russen sich dort ausdehnen konnten.

So bediente sich die spanische Krone der Franziskaner. Sie missionierten die Einheimischen und sicherten so das Land für die spanische Krone. Der Camino Real wurde zwischen 1769 und 1823 angelegt und verbindet 21 Missionen miteinander, die zu den ältesten Bauwerken an der Westküste gehören. Um viele dieser Bauten entstanden Städte wie z. B. Los Angeles, das 1781 von Felipe de Neve gegründet wurde, der sich mit 44 Leuten an einem Fluss niederließ, an dem bereits ein Franziskanerkloster stand: die Mission San Gabriel.

Für die Spanier waren die kalifornischen Missionen Versorgungsposten, landwirtschaftliche Güter und kirchliche Zentren. Die Indianer wurden so weiter zurückgedrängt. Sie wurden nicht nur christianisiert, sondern auch als unbezahlte, schlecht behandelte Arbeitskräfte eingesetzt, starben an eingeschleppten Krankheiten und wurden umgebracht, wenn sie sich gegen die neuen Herren wehrten.

Die im Jahr 1770 von Padre Serra gegründete Missionsstation San Carlos Borremeo del Rio Carmelo in der kalifornischen Künstlerkolonie Carmel by the Sea.

Auch mit Rebellen ist ein Staat zu machen

Die Bilanz des Krieges: Tausende Tote und viele Schulden. Frankreich, die Niederlande, Spanien und amerikanische Privatleute forderten das Geld zurück, das sie ins Unternehmen Unabhängigkeit gesteckt hatten. Die Soldaten der aufgelösten Kontinentalarmee warteten auf ihren Sold. Das Papiergeld, das während des Kriegs gedruckt worden war, besaß überhaupt keinen Wert mehr.

Politisch sah die Situation so aus: Alle 13 Staaten hatten sich inzwischen Verfassungen gegeben – nur in Massachusetts durften über die Vorlage übrigens Bürgerversammlungen der Gemeinden entscheiden, ein damals revolutionärer Schritt. Auf Bundesebene gab es weiterhin den Kongress, der sich 1777 über eine Form des Zusammenschlusses geeinigt und die Articles of Confederation verabschiedet hatte, eine Art Freundschaftsvertrag mit dem Versprechen einer dauerhaften Liaison. Nach diesem Übereinkommen behielten die Staaten all ihre Rechte, außer denen, die sie ausdrücklich abgetreten hatten. Das ließ dem Kongress wenig Handlungsspielraum: Er war zwar zuständig für äußere Angelegenheiten, die Regulierung des Handels aber war Sache der Staaten. Er durfte Geldanleihen aufnehmen, aber keine Steuern erheben. Und wenn sich einer der 13 nicht an die Spielregeln hielt, fehlte es dem Kongress an Macht, um beschlossene Maßnahmen durchzusetzen.

Zur Finanzierung der Revolution und zur Koordinierung des Außenhandels konnte der Kongress also nicht viel beitragen. Neue Märkte mussten erschlossen werden. Da zeigte ein Privatmann Initiative: 1784 segelte das erste Schiff des John Jacob Astor (s. S. 124) von New York nach Kanton und eröffnete den Handel mit China, der sich als überaus lukrativ erweisen sollte.

Ein weiteres wirtschaftliches Problem resultierte aus der kolonialen Situation. Das Mutterland England hatte die Kolonien als Absatzmärkte betrachtet und sie unmündig gehalten. Sie sollten keine Waren herstellen, sondern importieren. Nun also galt es, die eigene Produktion zu stärken – die Importabhängigkeit Amerikas war immer noch so groß, dass seine Zahlungsfähigkeit sofort nach der Wiederaufnahme der Handelsbeziehungen zu England erschöpft war.

Nachdem das koloniale Joch endlich abgeworfen war, zögerten die Staaten jedoch noch, Teile ihrer Rechte an eine zentrale Regierung abzutreten, denn es wäre ja auch durchaus denkbar und möglich gewesen, dass jeder der 13 Staaten unabhängig und für sich existierte. Andererseits gab es politisch kluge Argumente für einen Zusammenschluss mit einer handlungsfähigen Zentralregierung. James Madison, Alexander Hamilton und John Jay formulierten sie in 85 Artikeln, die unter Pseudonym 1787/88 in New Yorker Zeitungen erschienen und unter dem Namen »The Federalist« in die Geschichte eingingen.

Erst 1787 trat nach langen und zähen Verhandlungen in Philadelphia die verfassungsgebende Versammlung zusammen, dann aber ging alles sehr schnell: In weniger als sechs Monaten war der Entwurf fertig, ein Jahr später fand die Verfassung (s. S. 95) die erforderliche Mehrheit der Staaten und war damit angenommen. George Washington wurde einstimmig zum ersten Präsidenten des Landes gewählt und 1789 in New York vereidigt, das damit kurzfristig zur Kapitale aufstieg, bis die Hauptstadtfrage 1790 endgültig geklärt war: Nach einer zehnjährigen Interimszeit, in der die Regierung in Philadelphia tagte, zog man 1800 in das neu und auf neutralem Grund erbaute Washington (s. S. 92).

Land von Frankreich, Krieg mit England

Nun waren die Staaten also vereint und firmierten als »United States of America«, aber die ideologischen Differenzen und die Interessenkonflikte zwischen dem agrarischen Süden und dem Handel treibenden und zunehmend industrialisierten Norden waren damit nicht aus der Welt. Genauso wenig wie man für die Sklavenfrage eine verbindliche Lösung gefunden hatte.

In der Regierung herrschte Parität: Washington kam aus dem Süden und hielt selbst Sklaven, sein Vizepräsident John Adams war ein Mann des Nordens. Im Kabinett saßen zwei Minister, die sich bald als Antagonisten und Wegbereiter des Zweiparteiensystems profilieren sollten: der New Yorker Alexander Hamilton, der wie John Adams zu den Federalists gehörte, und Thomas Jefferson, um den sich die Jeffersonian Republicans scharten, in denen die heutigen Demokraten ihre Wurzeln sehen. Hamilton, geprägt vom Elitedenken, forderte eine starke Regierung, die Industrie, Handel und Schifffahrt förderte, während der Aufklärer, »Gentleman Farmer« und Sklavenhalter Jefferson einer zu mächtigen Zentralregierung misstraute und von einer agrarisch geprägten Gesellschaft freier, gleicher Farmer träumte.

In Washingtons Amtszeit fiel ein Krieg, den England und Frankreich seit 1793 führten. Das brachte Washington in ein Dilemma: Frankreich hatte tatkräftig mitgeholfen bei der Erkämpfung der Unabhängigkeit und da gab es ein Bündnis zwischen beiden Staaten, das seit 1778 existierte und von Freundschaft und Beistand sprach. Es war sicher klug, dass Washington die instabile junge Nation nicht in einen Krieg führte, auch wenn Frankreich das ganz anders sah. Woran sie waren, wussten die Franzosen spätestens 1796, als sich der erste Präsident nach zwei Amtsperioden nicht mehr zur Wahl stellte und seine Abschiedsrede hielt, in der er der Nation und Europa klarmachte, wie die USA es halten mit dem Rest der Welt: Handeln ja, mit allen Ländern. Aber über diese wirtschaftlichen Interessen hinaus sei es Amerikas »wahre Politik, dauerhafte Bündnisse mit irgendeinem Teil der Außenwelt zu vermeiden.«

Washingtons Nachfolger wurde John Adams, der als Erster ins neu erbaute Weiße Haus umsiedelte. Danach zog Jefferson ein, von dem man eine liberalere Politik

William Strickland, *Das weiße Haus,* Aquatinta nach einer Zeichnung von George Munger.
Das Weiße Haus in Washington D.C., 1792 von James Hoban erbaut, in einer Ansicht nach dem Brand vom 24. August 1814.

erwartete, denn unter Adams waren einige Gesetze entstanden, die der Opposition gar nicht gefielen und zum ersten Mal die fundamentale Frage aufwarfen, ob Einzelstaaten Bundesgesetze verwerfen dürfen. Geklärt wurde die Sache insofern, als sich der Supreme Court 1803 erstmals das – in der Verfassung nicht vorgesehene – Recht nahm, als oberste Instanz aufzutreten und für die Bundesstaaten und den Präsidenten geltende Entscheidungen zu fällen. Endgültige Rechtssicherheit aber brachte erst ein langer, blutiger Krieg.

Zu den Höhepunkten in Jeffersons Amtszeit gehören der Louisiana Purchase 1803 (s. S. 21) mit dem sich die Fläche der USA schlagartig verdoppelte, und die Ausrichtung der Expedition von Lewis and Clark (s. S. 20), die den Amerikanern erstmals vor Augen führte, wie riesig der Kontinent war und Begehrlichkeiten weckte, noch mehr von dem schönen Land zu besitzen.

Die Nordstaaten sahen den Louisiana Purchase mit Misstrauen, man fürchtete die Konkurrenz der Handelsstadt New Orleans und mit der wachsenden Landmasse eine Machtzunahme des Südens und Westens. Als Jefferson dann 1807 auch noch eine Handelssperre verhängte, tobte der Norden. Aber der Präsident sah keine andere Möglichkeit, Krieg ausgenommen, und den wollte er vermeiden. England und Frankreich lagen nämlich noch immer im Clinch, je nach Koalitionsbündnissen waren auch andere Mächte in die Auseinandersetzungen involviert. Kaper- und Piratenschiffe der Briten, Franzosen und Korsaren machten die Meere unsicher und zwangen amerikanische Staatsbürger zum Militärdienst unter fremder Flagge. Wollte Jefferson weitere Verluste von Menschen, Schiffen und Waren vermeiden, musste er eingreifen, und so kam es zum unpopulären Jefferson-Embargo, das amerikanischen Schiffen jeden Handel mit fremden Nationen verbot. Für Neuengland und New York war das fatal. Ihr Lebensnerv, Handel und Seefahrt, war getroffen. Aber auch der agrarische Süden litt: Es gab ein Überangebot an Getreide, die Preise fielen. Um der amerikanischen Wirtschaft keine bleibenden Schäden zuzufügen, sah sich Jefferson gezwungen einzulenken, das Handelsverbot auf Großbritannien und Frankreich zu beschränken.

Unter seinem Nachfolger James Madison kam es dann 1812 doch noch zum Krieg mit England, und zwar auf Betreiben der Vertreter des Südens und Westens, die hofften, sich im Zug der Auseinandersetzung das britische Kanada und

Expansion, weil es die Vorsehung so will

»Manifest Destiny« – der Begriff »offenkundige Bestimmung« tauchte 1845 erstmals in einem Artikel auf, der die Annexion von Texas mit den Worten verteidigte: Es sei »die offenkundige Bestimmung« der USA, den ihr »von der Vorsehung überlassenen Kontinent für die Entwicklung unserer jährlich sich vergrößernden Millionen in Besitz zu nehmen«. Vorsehung, so kann man das natürlich sehen. Man kann sogar noch einen Schritt weitergehen und sich kurz dem intellektuellen Vergnügen hingeben, anhand der Expansionsgeschichte des 19. Jh.s zu beweisen, dass Amerika »Gods own country« sein muss – oder einfach nur sehr viel Glück hatte.

Beweis 1: 1803 bieten die Franzosen den Amerikanern das 2 Mio. qkm große Louisiana zum Kauf an.

Beweis 2: 1809 kaufen die Amerikaner den Spaniern die sehr fruchtbare Halbinsel Florida und den Küstenstreifen am Golf von Mexiko bis New Orleans ab.

Beweis 3: Seit der Unabhängigkeitserklärung 1821 ist der Südwesten im Besitz Mexikos. In Texas lassen sich 1823 ganz legal 7000 Nordamerikaner nieder, der Rest kommt illegal. 1830 beträgt das Verhältnis zwischen Angloamerikanern und Mexikanern 4:1, 1836 erklärt Texas seine Unabhängigkeit und firmiert nun als Republik, die den Anschluss an die USA sucht. 1845 kommt es zur Annexion, Texas wird 28. Staat der USA und ein Jahr später beginnt der amerikanisch-mexikanische Krieg.

Beweis 4: Der Sieg über Mexiko spielt den USA Kalifornien zu, den Küstenstreifen am Pazifik. Am 14.2. 1848 wird der Vertrag von Guadalupe Hidalgo unterzeichnet. Später wird dort Gold gefunden.

Beweis 5: Im Webster-Ashburton Treaty legen die USA und Großbritannien 1842 die Grenze zwischen Maine im Osten und dem Lake of the Woods im Nordwesten fest, die durch die Großen Seen führt. 1866 werden westlich des Lake Superior im Mesabi Range Eisenerzlager entdeckt, die zu den größten der Welt gehören.

Beweis 6: Alaska. Die Amerikaner sind am Kauf interessiert, die Russen willigen ein und geben das Land 1867 zum Spottpreis von weniger als fünf Cent pro Hektar ab. Ein Jahr später findet man Gold und später große Vorkommen an weiteren Bodenschätzen.

Beweise genug? Spiel genug. Tatsache ist, dass die junge Nation es schaffte, ihr Staatsgebiet im 19. Jh. binnen weniger Jahrzehnte von einem schmalen Streifen an der Ostküste auf das gesamte kontinentale Kernland mit einer Fläche von rund 7,8 Mio. qkm plus Alaska – rund 1,53 Mio. qkm – zu erweitern.

Die Monroe-Doktrin
Im beginnenden 19. Jh. regte sich auch in Süd- und Mittelamerika Unmut gegen die portugiesische und spanische Kolonialherrschaft und unabhängige Staaten entstanden. Die europäischen Mächte betrachteten die revolutionären Bewegungen mit Skepsis und die Heilige Allianz (Russland, Österreich, Preußen, Frankreich) forderte, einzugreifen. Großbritannien war dagegen und wandte sich an die USA in der Hoffnung, dort einen Bündnispartner zu finden. Die Amerikaner lehnten ab, aber Großbritannien hatte sich inzwischen mit Frankreich geeinigt und Europa wandte sich anderen Problemen zu.

Dieses »Nein« ist trotzdem in die Geschichte eingegangen. Präsident James Monroe (1817–25) nahm die Ereignisse zum Anlass, in seiner Jahresbotschaft an den Kongress 1823 darzulegen, wie er das Verhältnis zwischen den alten europäischen Kolonialmächten und den unabhängig gewordenen Staaten in der Neuen Welt sehe: Als zwei politische Sphären, die miteinander nichts zu tun haben. Im Klartext: Dieses neue Selbstbewusstsein mag den amerikanischen Bürgern gefallen haben, politische Bedeutung erlangte die Monroe-Doktrin unter dem Schlagwort »Amerika den Amerikanern« aber erst später, als die USA begannen, sich in mittel- und südamerikanische Politik einzumischen.

»Weg der Tränen«: die Indianer

Den Preis für diese Politik zahlten die Indianer. Die Zeiten, in denen man sie brauchte, sei es, damit sie den Engländern beibrachten, wie man den Winter überlebte, sei es, um ihre Stammesrivalitäten zu nutzen und sie als kämpfende Bündnispartner gegeneinander und in Koalitionen mit Niederländern, Engländern, Franzosen, Spaniern einzusetzen – diese Zeiten waren vorbei. Der Letzte, der auf die Hilfe der Engländer zählte, um seinen Traum von einer geeinten indianischen Nation umzusetzen, war der Shawnee-Häuptling Tecumseh. Im Krieg von 1812–14 kämpfe er auf Seiten der Briten und starb 1813. William Henry Harrison, der Mann, der ihn und zwei Jahre vorher seinen Bruder umgebracht hatte, gewann damit die Präsidentschaftswahl 1840.

Die Indianer, die ursprünglich Land in den heutigen Staaten North und South Carolina, Georgia, Tennessee, Alabama bewohnten und Kentucky und Virginia als ihre Jagdgründe beanspruchten, hatten im Lauf der Jahrhunderte immer wieder Land abgetreten und verkauft und sich schließlich so verhalten, wie sich die Regierung das schon unter George Washington vorgestellt hatte, als sie sich Gedanken um die »Zivilisierung der Wilden« machte. Die Cherokesen übernahmen die Kulturtechniken der Weißen, ersetzten ihr Klan-System durch einen Stammesrat, gaben sich eine an der amerikanischen orientierte Verfassung und schufen ein eigenes Gerichtssystem. Die Mehrheit der 17.000 Stammesangehörigen konnte lesen – sie hatten eine eigene Schrift. Und sie waren reich. Eine Inventarliste von 1826 verzeichnet über 1560 schwarze Sklaven, 22.000 Rinder, 7600 Pferde, 46.000 Schweine, 2500 Schafe. Sie besaßen 762 Webstühle, 2488 Spinnräder, 172 Planwagen, 2942 Pflüge, 10 Säge- und 31 Kornmühlen, 8 Baumwollverarbeitungsmaschinen, 18 Schulen und 18 Fähren.

Andrew Jackson erließ 1830 den »Indian Removal Act«: Alle indianischen Völker, die westlich des Mississippi lebten, insbesondere die fünf zivilisierten Nationen des Südostens – Cherokesen, Chickasaw, Choctaw, Creek und Seminolen – sollten in ein »Indian Territory« westlich des Mississippi im heutigen Oklahoma umgesiedelt werden.

Die Cherokesen wehrten sich mit zivilisierten Mitteln: Sie zogen vor Gericht und der Supreme Court entschied zu ihren Gunsten. Daraufhin bezahlte Jackson einige Stammesmitglieder, die bereit waren, 1835 einen Vertrag zu unterzeichnen, in dem sie der Umsiedlung zustimmten. Wohl wissend, dass er damit gegen den erklärten Willen der überwiegenden Mehrheit der Cherokesen handelte, ratifizierte der Kongress den Vertrag. 1838 sandte er vollkommen legal die Armee dorthin, und diejenigen, die sich auch nach Ablauf der Frist noch immer in ihrer Heimat aufhielten, wurden in Lager zusammengetrieben, wo die sanitären Verhältnisse dafür sorgten, dass viele Indianer starben. Die Umsiedlung nach Oklahoma kostete weiteren 4000 Menschen das Leben.

»Die vom Kongress gebilligten Maßnahmen zur Entfernung der Cherokesen ... haben die glücklichsten Wirkungen gebracht ... die Cherokesen sind ohne sichtbaren Widerstand emigriert«, resümierte Jacksons Nachfolger Martin van Buren (1782–1862).

Der Marsch nach Oklahoma ist als »Trail of tears«, »Weg der Tränen«, in die indianische Geschichte eingegangen. Die Grenze, hinter der das Indianerland beginnen sollte, wurde mit dem Vordringen der Siedler immer weiter nach Westen verschoben: 1763 die Appalachen, 1834 das Gebiet westlich des Mississippi, mit Ausnahme der Staaten Missouri und Louisiana und des Territoriums von Arkansas. Die US-Armee sollte diese »ewige Grenze« schützen, die bald schon weiterwanderte zum 95. Meridian. Westlich dieser Demarkationslinie lag Kalifornien und als dort Gold gefunden wurde, kümmerte sich niemand mehr um Grenzen.

Auch wenn man dem Kongress in Washington zugestehen möchte, dass es um eine friedliche Lösung der Indianerfrage ging, im »Wilden Westen« herrschten andere Gesetze. Indianerüberfälle waren an der Tagesordnung und die Weißen rächten sich, indem sie Frauen und Kinder massakrierten, Skalpprämien und andere Belohnungen für gefangene oder getötete Indianer aussetzten. Zwischen 1830 und 1883 wurde der Büffelbestand in den Prärien von 75 Mio. auf nahezu null reduziert, um den Indianern die Nahrungsgrundlage zu entziehen. General Philip Henry Sheridan wusste das zu loben: »Die Büffeljäger haben in den letzten zwei Jahren mehr dazu beigetragen, das Indianerproblem zu lösen, als die gesamte US-Armee in den letzten 30 Jahren.

In den 1860er Jahren während des Bürgerkriegs formierte sich massiver Widerstand gegen das Vordringen der Weißen. Die Prärie-Indianer – Sioux, Cheyenne, Arapaho, Kiowa, Comanchen – und im Süden die Apachen und Navajo riefen zum Krieg auf. Nur zwei Schlachten konnten die Indianer gegen die besser ausgerüsteten US-Truppen für sich entscheiden.

Harold von Schmidt, *Custer fällt in den Kämpfen gegen die Sioux am Little Bighorn, 25.6.1876,* Öl auf Leinwand, 1950. In der Schlacht am Little Bighorn gelang den Indianern unter der Führung der Häuptlinge Sitting Bull und Crazy Horse ein seltener Sieg über US-amerikanische Truppen. George Armstrong Custer hatte seine Feinde unterschätzt.

Damit war der Widerstand gebrochen. Das Massaker am Wounded Knee im Dezember 1890, bei dem die Soldaten des 7. Regiments der US-Kavallerie das Feuer auf eine Gruppe bereits gefangener und entwaffneter Sioux eröffneten und vermutlich 200 Menschen töteten, markiert das Ende der Indianerkriege. Die Stämme kapitulierten und ließen sich in ihre Reservate einweisen, wo sie ohne alle Bürgerrechte lebten. Die amerikanische Staatsbürgerschaft wurde ihnen erst 1924 zugesprochen.

Das Massaker am Wounded Knee - Bericht des Überlebenden Dewey Beard

Plötzlich brach es über uns herein. Ich wurde ins Bein geschossen ... Wir hatten ein 22 Tage altes Baby. Als das Feuer eröffnet wurde, konnte ich meine Frau nirgendwo sehen. Später fand ich sie. Ein Schuss hatte sie durch die Brust getroffen. Die Brust, an der unser Baby noch immer versuchte zu trinken. Es war über und über mit Blut bedeckt. Ein paar Tage darauf starb der Kleine. Ich habe viele Kinder neben ihren toten Müttern liegen gesehen. ... Ich lag da und die Soldaten gingen übers Schlachtfeld und wenn sie Verwundete fanden, drückten sie noch mal ab. Auch mich schossen sie in die Brust ... Die Soldaten der Vereinigten Staaten haben uns abgeschlachtet, ohne uns ein Angebot zu machen, damit wie uns ergeben konnten. Eines Tages möchte ich herausfinden, warum sie das getan haben, warum Menschen so etwas tun können.

Die erste große Masseneinwanderung

Beim ersten Zensus 1790 betrug die Bevölkerungszahl noch 3,9 Mio., doch ab Mitte der 1820er Jahre stieg sie explosionsartig: 1830 12,8 Mio., 1840 17 Mio. und 1860 31,4 Mio.

Diese erste große Einwanderungswelle brachte neben den Briten nun auch Skandinavier, Deutsche und Iren ins Land. 30 % der Immigranten zwischen 1830 und 1840 kamen aus Deutschland, die größte Einwanderergruppe bildeten mit fast 50% nach 1845 die Iren. Die meisten von ihnen waren mittellos vor der Hungersnot geflüchtet, die die Kartoffelfäule auf ihrer Insel ausgelöst hatte. Und so blieben viele dort, wo sie von Bord gegangen waren, in Boston und New York, und bildeten das städtische Proletariat. Tiefer auf der sozialen Leiter standen nur die Schwarzen. In New York entlud sich Volkes Zorn 1863. Während der Draft Riots, den bis dato blutigsten Aufständen in der Geschichte der Nation, wurden über 1000 Menschen getötet und verletzt, irische Banden knüpften »Nigger« auf.

Doch nicht die waren fürs Elend der Immigranten verantwortlich. Die unterpriviligierten katholischen Iren waren den »Wasps« suspekt (s. S. 123), eine nahezu hysterische Angst vor den »Papisten« herrschte. Geheimbünde gingen massiv und schlagkräftig gegen die Andersgläubigen vor. Die ehemaligen Flüchtlinge bekämpften die neuen. »No Irish Need Apply«-Schilder säumten den Weg der Arbeitssuchenden, sie bekamen nur die schlecht bezahlten Jobs.

Spät, aber rasant: die Industrialisierung

Die Industrialisierung setzte in den USA sehr spät ein und wäre ohne Werkspionage im ehemaligen Mutterland nicht möglich gewesen. Die Maschinen, die 1790 in der ersten mechanischen Baumwollspinnerei in Pawtucket, Rhode Island, den Betrieb aufnahmen, waren Kopien der englischen Arkwright-Spinnmaschine. Die geheimen Konstruktionspläne wurden vom britischen

»Baumwollversand auf dem Mississippi«, Farblithografie, um 1900. Sammelbildchen der Liebig Company »Liebig's Fleisch-Extract«, Bild Nummer 6 der Serie: »Die Kultur der Baumwolle«.

Immigranten Samuel Slater, der als Lehrling Zugang zu den Maschinen gehabt hatte, rekonstruiert: der Grundstock für die florierende neuenglische Textilindustrie.

Nach diesem Startschuss ging es mit Riesenschritten ins Industriezeitalter: 1802 begann in Connecticut die Massenfabrikation von Uhren. 1813 entstand in Waltham, Massachusetts, die erste Textilfabrik, in der sämtliche Prozesse der Verarbeitung von Baumwolle mechanisiert unter einem Dach stattfanden. 1822 wurde mit Lowell, ebenfalls in Massachusetts, die erste planvoll angelegte Industriestadt der USA errichtet.

Das rohstoffarme Neuengland entwickelte sich zum Zentrum der verarbeitenden Industrie, New York übernahm die Position der wichtigsten Hafenstadt. Tonangebend war eine etablierte Kaufmannsschicht, die ihre Gewinne in immer neue Industriezweige investierte: Asienhandel, Walfangindustrie, Fabrikation von Textilien, Schuhen, Lederwaren, Möbeln, Papier, Werkzeugen.

Die Schwerindustrie konzentrierte sich ab 1817 in Pennsylvania, das über Kohlevorkommen verfügte. Die Stadt Pittsburgh wurde zum Zentrum der Stahlproduktion, die mit dem Bau der Eisenbahnen ab den 1830er Jahren immer größere Bedeutung gewann. Einen weiteren Aufschwung erlebte der Bundesstaat, als Edwin Drake 1859 hier die damals größten Erdölvorkommen des Landes entdeckte.

Der Süden blieb weiterhin agrarisch und überließ den Export und die Verarbeitung seiner Produkte dem Norden. Mit der bahnbrechenden Erfindung der Cotton Gin, einer Maschine zur Trennung der Baumwollfasern vom Samen, durch Eli Whitney (1793) begann der Siegeszug der Baumwolle. South Carolina, anfangs Hauptanbaugebiet, steigerte seine Produktion von 1791 bis 1811 um das 26fache, 1810 betrug der Gesamtertrag der Plantagen in den Südstaaten 178.000 Ballen, 1860 waren es 3,8 Mio. Bei Ausbruch des Bürgerkriegs 1861 stellte Baumwolle 57 % des Gesamtexports der USA.

Wichtige Erfindungen in der ersten Hälfte des 19.Jh.s

1807	Dampfschiff, gebaut von Robert Fulton
1830	Lokomotive, gebaut von Peter Cooper
1831–34	Mähmaschine, Cyrus H. McCormick
1835	Revolver, Samuel Colt
1839	Gummivulkanisierungsverfahren, Charles Goodyear
1843	Schreibmaschine, Charles Thurber
1844	Telegraf, Samuel F. B. Morse
1846	Nähmaschine, Elias Howe
1849	Sicherheitsnadel, Walter Hunt

Auch auf offenem Wasser blühte eine Industrie: der Walfang. Seine Anfänge liegen im 17. Jh. auf der Insel Nantucket, Massachussets.

Walöl und Fischbein, aus den Barten gewonnen – Hornplatten, die vom Gaumen des Tiers hängen – wurden bald zur teuren Ware. In den ersten Jahrzehnten jagte man nur die sogenannten »right whales« (Nord- und Südkaper und Grönlandwale), später aber auch Pottwale. In deren Schädel fand man Walrat, eine Substanz, aus der sich Kerzen ziehen ließen, die Höchstpreise erzielten. Außerdem gewannen die Fischer aus dem Darm des Tieres Ambra, die in der Parfümherstellung reißenden Absatz fand.

Ab 1730 wurden die Schiffe umgerüstet und die Tiere bereits auf hoher See verarbeitet. Je rarer Wale wurden, desto länger waren die Schiffe unterwegs, ihre Fahrten konnten bis zu fünf Jahren dauern und erstreckten sich über alle Meere: Der Walfang war weltweit fest in der Hand der Neuengländer.

Den Höhepunkt ihrer Blüte erreichte die Walfangindustrie zwischen 1820 und 1860, ab 1830 wurde New Bedford, Massachusetts, zum Haupthafen und erlebte einen ungeheuren wirtschaftlichen Aufschwung: »In New Bedford geben, wie es heißt, die Väter ihren Töchtern Wale als Mitgift ... Sie haben, wie man sagt, in jedem Hause einen Ölvorrat, und sorglos brennen sie an jedem Abend ihre eigene Körperlänge

Jagd auf den Potwal, Kreidelithografie, koloriert, Verlag Currier & Ives um 1860.

an Walratkerzen herunter ... Nirgendwo in Amerika findet man mehr Patrizierhäuser und reichere Parks und Gärten als in New Bedford ... Alle diese biederen Häuser und Gärten kommen aus dem Atlantik, dem Pazifik und dem Indischen Ozean. Eins wie das andere sind sie mit der Harpune vom Grunde des Meeres heraufgeholt worden.« (Herman Melville, »Moby Dick«, 1851)

1860 begann der Niedergang der Industrie. Ein Grund lag in der Dezimierung des Walbestands, andere Ursachen waren Naturkatastrophen und Zwischenfälle im Sezessionskrieg, die die Flotte dezimierten. Zudem wurde 1859 in Pennsylvania Erdöl entdeckt. Das rettete den wenigen Walen, die die über hundertjährige Jagdzeit überlebt hatten, das Leben. Ihr Öl war nicht mehr das einzige Produkt, das sich zu Beleuchtungszwecken oder in der Industrie verwenden ließ.

Der Ausbau des Verkehrsnetzes

1807 trat das erste Dampfschiff, gebaut von Robert Fulton, seine Fahrt von New York nach Albany an. Noch bremste das Jefferson-Embargo die wirtschaftliche Entwicklung, aber das sollte sich bald ändern: 1820 hatte New York 124.000 Einwohner, nur 11.000 mehr als Philadelphia. An dritter Stelle stand die Hafenstadt Baltimore mit 63.000 Bewohnern, gefolgt von Boston (43.000) und New Orleans (27.000). 10 Jahre später war die Zahl der New Yorker auf 202.000 gestiegen, 1850 auf 500.000. Die Stadt wuchs unaufhaltsam, auch weil sie am Hudson River liegt, dessen Tal ein breites, schiffbares Bett bietet.

Eine derartige Möglichkeit, weit ins Landesinnere vorzudringen, gibt es in den südlichen Appalachen nicht. Die Flüsse bilden an der sogenannten »fall line« (s. S. 13)

Verkehrswesen heute

Die Vereinigten Staaten verfügen über ein weitläufiges, gut ausgebautes Verkehsnetz. Flug-, Schienen- und Straßenverbindungen laufen sternförmig auf verschiedene Zentren des Landes (u. a. Atlanta, Charlotte, Chicago, Dallas, Denver, Los Angeles, Philadelphia und Seattle) zu und verbinden alle wirtschaftlich relevanten Standorte. Das Schienennetz weist 226.605 km aus, ein gut ausgebautes Netz an Fernstraßen und autofreundlich konzipierte Städte machen die Straße mit 6.430.366 km mittlerweile zum wichtigsten Verkehrsträger. 1956 unterschrieb Präsident Dwight D. Eisenhower ein Gesetz zum Ausbau des Interstate Highway Systems. Nach deutschem Vorbild sollten diese Autobahnen das vorhandene Highway-System ergänzen und zivil wie militärisch sowie für die rasche Evakuierung von Großstädten im Katastrophenfall genutzt werden können; das Projekt gilt seit 1991 als abgeschlossen.

Innerhalb der Bundesstaaten spielen die Überlandbusse eine große Rolle im Personenverkehr, für Mittel- und Langstrecken ist das Flugzeug das Transportmittel der Wahl. Bei 14.858 Flughäfen verfügt fast jede Kleinstadt über einen kleinen Flughafen. Wichtige Häfen und Containerterminals befinden sich in Anchorage, Baltimore, Boston, Charleston, Chicago, Duluth, Hampton Roads, Honolulu, Houston, Jacksonville, Los Angeles, New Orleans, New York, Philadelphia, Port Canaveral, Portland (Oregon), Prudhoe Bay, San Francisco, Savannah, Seattle, Tampa und Toledo; das Wegesystem zu Wasser umfasst 41.009 km.

Wasserfälle und sind nur in der Küstenebene befahrbar. Daran scheiterte auch der Traum George Washingtons, den Potomac River zum Kanal und zur Wasserstraße bis ins Ohio Valley auszubauen. Der Chesapeake & Ohio Canal, mit dessen Konstruktion 1828, fast 30 Jahre nach dem Tod des ersten Präsidenten begonnen wurde, erreichte sein Ziel nie, auch deshalb, weil bereits 1830 die ersten 20 km der Eisenbahnstrecke der Baltimore and Ohio Railroad fertig gestellt waren und der Kanal damit überflüssig wurde.

Zu dieser Zeit war die Wasserstraße, die die Grundlage für New Yorks Stellung als bedeutendstes Handelszentrum und größter Einwandererhafen legte, bereits fertig. Die New Yorker hatten nämlich früh erkannt, dass die Zukunft im Westen lag und bereits 1817 begonnen, die Verbindung zwischen Albany am Hudson und dem Lake Erie zu schaffen. 1825 war der Eriekanal fertig: eine technische Meisterleistung von 584 km Länge mit vielen Schleusen und einem Aquädukt, das über den Genesee River führte.

Der gesamte Warenverkehr lief nun über New York. Die Transportkosten waren bis zu 90 % geringer als auf dem Landweg, es lohnte sich nicht mehr, den Süden direkt zu beliefern. Dort herrschte großer Bedarf an Weizen und Mais, Rindern und Schweinen. Die Region war zwar agrarisch, produzierte aber, je mehr die Baumwolle Anbaufläche beanspruchte, selbst wenig Essbares. Der Westen, der innerhalb der ersten 50 Jahre des 19. Jh.s als dritte, wirtschaftlich und politisch bedeutende Kraft zu den beiden konkurrierenden Blöcken Nord und Süd trat, wurde mit dem Bau des Eriekanals geschwächt. Der Norden dagegen profitierte vom Handel und konnte damit seine Position gegenüber dem Süden stärken.

Der neue Verkehrsweg trieb auch die Besiedlung des Westens in Riesenschritten voran. Staaten wie Vermont und New Hampshire erlebten einen Bevölkerungsschwund – die Menschen waren nur allzu gerne bereit, die kargen Böden Neuenglands gegen die fruchtbaren

Bau der Transkontinentalen Eisenbahn, die 1869 fertiggestellt wurde.

Weiten »out west« zu tauschen. Und es kamen ja immer neue Siedler aus Europa, die davon träumten, Land urbar zu machen. Im Hafen der Stadt Buffalo am Lake Erie standen 1833 elf Dampfschiffe bereit, die rund 43.000 Passagiere nach Chicago transportierten, 1841 verkehrten bereits 140 Schiffe mit Waren und Menschen zwischen Buffalo, Chicago und Detroit. Die Flotte dezimierte sich allerdings recht bald, denn nun übernahm die Eisenbahn eine immer wichtigere Rolle.

Zudem öffnete der Bau des Illinois & Michigan Canal einen neuen Zugang zu den Großen Seen. Seit 1817 verkehrten Dampfschiffe auch auf dem Mississippi und dem Ohio River, mit der Eröffnung des neuen Kanals 1848 konnte man von New Orleans mit dem Raddampfer direkt nach Chicago fahren. Die Stadt stieg zum bedeutendsten amerikanischen Binnenhafen, zur Drehscheibe des Handels mit den Produkten des Westens – Weizen und Fleisch – auf. Die 1848 gegründete erste Warenterminbörse der Welt, Chicago Board of Trade, gehört noch heute zu den umsatzstärksten ihrer Art.

So wichtig Wasserwege und Straßen zur Erschließung des Landes waren, stellte es sich bald heraus, dass der Königsweg über die Schienen führte. Die erste 1830 eröffnete Eisenbahnstrecke erlaubte eine Reise von 20 km, 10 Jahre später besaß Amerika ein Schienennetz von rund 5300 km Länge, in den nächsten 20 Jahren kamen noch einmal 44.800 km dazu, sodass die USA am Vorabend des Bürgerkriegs über ein weit verzweigtes Verkehrssystem verfügten, auf dem Truppen und Güter transportiert werden konnten.

Die Sklavenfrage

Seit 1808 war die Einfuhr von Sklaven verboten. Aber das störte die wirtschaftliche Entwicklung im Süden nicht, Arbeitskräfte waren in Hülle und Fülle vorhanden: fast vier Millionen Menschen (1860), die auf den Baumwollplantagen rackerten, in Elendshütten hausten und nichts kosteten außer der Nahrung, die man ihnen zur Erhaltung ihrer Arbeitskraft zukommen ließ. Sie wurden behandelt wie Vieh. Gefiel es einem Weißen, seine Sklaven zu quälen oder totzuschlagen, so war das seine Angelegenheit und sein wirtschaftlicher Schaden. Niemand bestrafte ihn, »Nigger« waren vogelfrei, die Politik beschäftigte sich nur dann mit ihnen, wenn es darum ging, Gesetze gegen sie zu erlassen.

Der 1793 vom Kongress verabschiedete und 1850 noch einmal verschärfte Fugitive Slave Act war ein Zugeständnis an den Süden, denn im Jahr 1850 hatte Kalifornien, dessen Bevölkerung durch den Goldrausch seit 1848 rapide zugenommen hatte, seine Aufnahme in die Union beantragt – als sklavenfreier Staat. Das schöne Gleichgewicht zwischen Nord und Süd war damit gestört. Das Repräsentantenhaus hatte seine Zustimmung zum Krieg gegen Mexiko 1846 an die Bedingung geknüpft, dass in den zu erobernden Gebieten keine Sklaverei eingeführt werden dürfe und die Landmasse, die im Mittleren Westen und im Nordwesten noch zu besiedeln war, lag oberhalb der Mason-Dixon-Line.

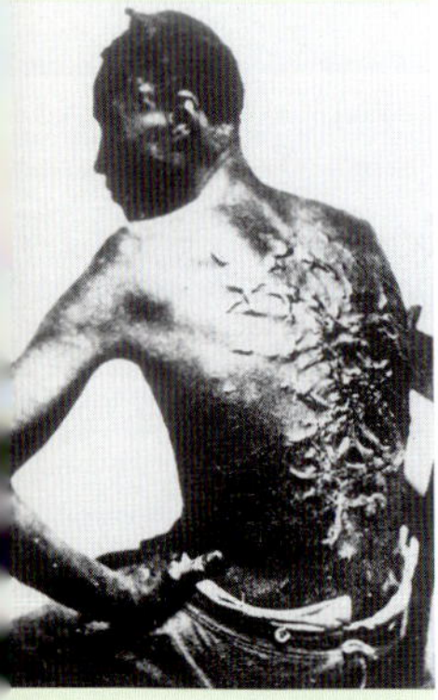

Narben auf dem Rücken eines entflohenen Sklaven aus Louisiana, Fotografie, 1863.

Für den Süden bot der Fugitive Slave Act, der auch Strafen für Fluchthelfer vorsah, ein willkommenes Instrument, um sich gegen die Machenschaften des Nordens zu wehren. Dort hatte sich seit den 1830er Jahren eine aktive Anti-Sklaverei-Bewegung entwickelt, die von Neuengland bald auf andere Staaten übergriff. Das Sprachrohr der Abolitionisten war die von William Lloyd Garrison 1831 in Boston gegründete Zeitschrift »Liberator«. Seit 1830 organisierten die Aktivisten den Aufbau der sogenannten »Underground Railroad«, einem System von Fluchtrouten für entlaufene Sklaven, das durch 14 Nordstaaten führte. Durch eigene Gesetze versuchten die Staaten ein Rechtssystem zu etablieren, das den Menschen innerhalb ihrer Grenzen Schutz bot – der Fugitive Slave Act von 1850 machte erneut klar, dass sie damit gegen Bundesrecht verstießen und die US-Beamten jeden entlaufenen Sklaven unter Vorlage fadenscheiniger Besitzurkunden festnehmen und abtransportieren durften.

Der Missouri Compromise

1796 war die Union der ursprünglich 13 Staaten gewachsen und durch den Eintritt Vermonts (1791), Kentuckys (1792) und Tennessees (1796) befand sich die junge Nation im Gleichgewicht: acht Sklavenhalter-Staaten im Süden, acht sklavenfreie im Norden. Diese paritätische Regelung wurde in den folgenden Jahrzehnten zur Richtlinie der Politik, wobei der Norden Sklaverei stillschweigend dort akzeptierte, wo Baumwolle angebaut wurde.

Das ging gut, bis 1819 Missouri seine Aufnahme als Sklavenstaat beantragte. Missouri war nach Louisiana (1812) der erste Staat westlich des Mississippi, der sich der Union anschließen wollte, aber es lag anders als Louisiana in einer Region, in der Baumwollanbau aus klimatischen Gründen nicht möglich war. Nun wurde offensichtlich, dass man neue Regeln für das Spiel zwischen Nord und Süd finden und westlich des Mississippi eine Demarkationslinie festlegen musste. So wurde die Mason-Dixon Line (s. S. 46) entlang der Südgrenze Missouris etwas oberhalb des 36. Breitengrads nach Westen gezogen, nördlich dieser Linie war Sklaverei verboten. Missouri durfte trotzdem mitsamt seinen Sklaven 1821 beitreten, aber erst nachdem sich Maine von Massachusetts gelöst und 1820 als 23. und sklavenfreier Staat Aufnahme gefunden hatte.

Die Empörung in den Nordstaaten war enorm und die Bewegung erhielt weiteren Zulauf durch ein Buch, das 1852 erschien und die Unmenschlichkeit der Sklaverei anprangte: »Onkel Toms Hütte« von Harriet Beecher Stowe. Das Buch der »kleinen Frau«, das »diesen großen Krieg auslöste«, wie Abraham Lincoln sagte, erreichte im ersten Jahr eine Auflage von 300.000 Exemplaren.

Ein Krieg und eine Propagandalüge

»Bürgerkrieg«, »Krieg zwischen den Staaten« – die Auseinandersetzung zwischen den Nord- und den Südstaaten trägt viele Namen und ist noch heute stark emotional besetzt, besonders auf Seiten der Verlierer, der Südstaaten. Im Deutschen spricht man vom Sezessionskrieg und trifft damit den Nagel auf den Kopf. Denn darum ging es: Um die Frage, ob Staaten, die sich freiwillig zu einer Union zusammengeschlossen hatten, dieselbe auch wieder verlassen durften.

Dieses Thema wurde zum Dauerbrenner in den ersten Jahrzehnten der jungen Republik. Ob Nord, ob Süd: Immer, wenn einer Interessengruppe eine Entscheidung Washingtons nicht passte, drohte sie mit Abspaltung. In den 1830er Jahren z. B. tauchte das Problem der Schutzzölle wieder auf. Der Norden drängte auf ihre Einführung, der Süden war dagegen, da er ökonomische Nachteile befürchtete. Das Gesetz wurde trotz heftiger Proteste des Südens verabschiedet, worauf South Carolina es für seinen Bereich 1832 außer Kraft setzte, weil ein Staat das Recht habe, ein Bundesgesetz, das ihm Schaden zufüge, zu annullieren. Fast wäre es schon damals zum Krieg gekommen; ein Kompromiss vertagte ihn noch einmal. Spätestens jetzt zeigte sich, dass die Verfassung ein entscheidendes Manko hatte: Sie bezog keine Stellung zum Kräftespiel zwischen Bund und Staaten.

Die Vertreter der »Nullifikations«-These entwickelten ihre Theorie weiter – im Wahlkampf von 1860 traten die Demokraten mit der Forderung nach dem Recht auf

»Sezession« an. Gegenspieler der Demokraten war Abraham Lincoln, Kandidat der 1854 gegründeten Republikanischen Partei und Verfechter der Erhaltung der Union um jeden Preis. Er zog mit einem Bibelwort in den Wahlkampf: »Ein geteiltes Haus kann nicht bestehen bleiben.« Seine Gegner, die Demokraten, machten den Fehler, einen Nord- und einen Südkandidaten aufzustellen, anstatt die Stimmen auf einen Mann zu vereinen. Lincoln gewann die Wahl – er erhielt keine einzige Wahlmännerstimme aus dem Süden.

Daraufhin trat South Carolina aus der Union aus, weitere 10 Südstaaten folgten, schlossen sich zu den Confederate States of America zusammen und wählten ihren eigenen Präsidenten. Im April 1861 fielen die ersten Schüsse in South Carolina.

Abraham Lincoln entsandte Truppen – damit begann der Krieg. Eine blutige Auseinandersetzung, bei der es ausschließlich und erklärtermaßen darum ging, die Sezession des Südens zu verhindern. Lincoln in seiner ersten »Botschaft an die Nation«: »Ich verfolge weder direkt noch indirekt die Absicht, die Institution der Sklaverei anzugreifen ... Ich habe keine gesetzlichen Rechte, das zu tun, und ich habe auch keine Neigung, das zu tun.« Und bei anderer Gelegenheit: »Wenn ich die Union dadurch retten könnte, dass ich alle Sklaven befreie, würde ich es tun. Wenn ich die Union retten könnte, ohne einen einzigen Sklaven zu befreien, würde ich es auch tun.«

Abraham Lincoln, 16. Präsident der USA (1861–65), starb am 15.4.1865 in Washington an den Folgen eines Attentats, bei dem ein fanatischer Südstaaten-Anhänger ihn während eines Theaterbesuchs in den Kopf schoss. Porträtaufnahme, um 1863.

Die schöne Geschichte von der Menschlichkeit, vom guten weißen Mann aus dem Norden, der den Entrechteten des Südens zu Hilfe eilt, war nichts als eine Propagandalüge, die erst zwei Jahre nach Ausbruch des Krieges thematisiert wurde, um die Moral der Truppen des Nordens zu stärken. Wie gut diese Lüge war, zeigt, dass sie sich über hundert

Jahre lang in der offiziellen Geschichtsschreibung halten konnte. Damit soll nicht gesagt sein, dass es nicht viele Menschen ehrlich meinten mit ihrer Empörung über die Sklaverei. Den politisch Verantwortlichen aber ging es darum, die wirtschaftlichen Interessen des Nordens an der Erhaltung der Union durchzusetzen und letztlich mit Waffengewalt einen Verfassungskonflikt zu lösen.

Der Krieg zog sich bis 1865 hin und endete mit dem Sieg des Nordens. Bilanz: über 600.000 Tote, fast 400.000 Verwundete. Verfassungsrechtlich war damit für alle Zeit die Überlegenheit des Bundes über die Einzelstaaten gefestigt. Ökonomisch und infrastrukturell kam der Civil War einer Zerstörung des Südens gleich, niedergebrannte Städte, zerstörte Infrastruktur – die Region war ihrer wirtschaftlichen Grundlage beraubt. Alle wichtigen Kämpfe hatten im Süden getobt, zehn der 25 entscheidenden Auseinandersetzungen fanden in Virginia statt, das strategisch auch deshalb so wichtig war, weil die Südstaaten Richmond zu ihrer Hauptstadt und zum Sitz ihres Präsidenten erkoren hatten. Der Norden wurde als Kriegsschauplatz nicht in Mitleidenschaft gezogen. Und moralisch stand man gut da – schließlich waren es die Nordstaatler, die die Sklaven befreit hatten. Auch wirtschaftlich hatte sich der Krieg gelohnt: Textilien, Waffen, Stahl, Schiffe, Lebensmittel – das gesamte Material, das beide Seiten in dieser Schlacht benutzten, kam aus dem Norden.

Die Schwarzen waren zumindest auf dem Papier frei. Gleiche Rechte genossen sie nicht mal dort. Die schrieb der Oberste Gerichtshof erst 1954 fest. Aber: In der Verfassung stand nun zu lesen: »Weder Sklaverei noch Zwangsdienstbarkeit darf ... in den Vereinigten Staaten oder in irgendeinem Gebiet unter ihrer Gesetzeshoheit bestehen.« 13. Zusatzartikel, 1865. 1867 wurde der Ku-Klux-Klan gegründet.

Versammlung des Ku-Klux-Klans.

Befreit, aber nicht frei
Die Kriegsbilanz der Schwarzen sah nicht gut aus: Nach wie vor waren sie unterdrückt und diskriminiert, sie besaßen weder Grund und Boden noch Bildungschancen – kurz, sie konnten aus der neuen »Freiheit« nichts machen. Die Plantagenbesitzer mussten ihre Arbeiter zwar jetzt entlohnen, aber sie zahlten nicht bar, sondern mit einem Teil der Ernte: »Sharecropping« war eine neue, wenn auch subtilere Form der Versklavung. Niemand konnte überprüfen, ob der Landbesitzer korrekt abrechnete, keiner hatte Geld, um zu investieren und seine Lebensbedingungen zu verbessern. Noch 1910 bebauten nur 10 % der Schwarzen, die in der Landwirtschaft tätig waren, eigenes Land.

Ironischerweise kam die wirkliche Veränderung für die ehemaligen Sklaven mit einem anderen Krieg: dem Ersten Weltkrieg. Die Rüstungsindustrie im Norden brauchte Arbeitskräfte, und da waren auch die Schwarzen willkommen. Es begann die »Great Migration«. Bis zum Jahr 1915 hatten noch mehr als zwei Drittel der Afro-Amerikaner im Süden der USA gelebt – das änderte sich nun: Bis 1940 begaben sich mehr als eine Million Menschen auf Wanderschaft. In den Städten des Nordens – New York, Chicago, Detroit – entstanden die großen Ghettos, wo sich im engen urbanen Zusammenleben eine eigenständige schwarze Kultur und damit auch ein neues Selbstbewusstsein entwickelte. Und wo schließlich in den 1950er und 1960er Jahren die Bürgerbewegung ihren Nährboden fand, die – fast 100 Jahre nach der »Befreiung« – auf die Straße ging, um ein Ende der Diskriminierung zu fordern.

1896 musste sich der Supreme Court mit dem Thema Rassentrennung beschäftigen und befand mit einer Mehrheit von 7 zu 1, dass diese im Sinne der Verfassung sei: »Seperate but equal« lautete das Urteil, das erst durch die Entscheidung im Fall »Brown vs Board of Education«, bei dem es um die Rassentrennung in Schulen ging, 1954 revidiert wurde.

Das Gilded Age

Vom Krieg hatten einige Großunternehmer stark profitiert. Und auch danach gab es Investitionsmöglichkeiten: Ausbau der Infrastruktur und Industrie, Förderung und Verarbeitung von Bodenschätzen. Cornelius Vanderbilt investierte in Eisenbahnen, Meyer Guggenheim in Minen und Schmelzhütten, John D. Rockefeller in Öl, Andrew Carnegie in Stahl und der Bankier John Piermont

1870	Die Schwarzen erhalten das Wahlrecht.
1903	Erster Flug der Gebrüder Orville und Wilbur Wright
1914	Eröffnung des Panamakanals
1919	Landesweit Streiks und Rassenunruhen
1920	Frauen dürfen wählen, die Union Communist Party wird gegründet.
1919–1933	Die Prohibition verbietet den Verkauf und Genuss von Alkohol.

Morgan beschaffte aus England das nötige Kapital und finanzierte den Aufstieg der amerikanischen Industrie. Und seinen eigenen: Anfang des 20. Jh.s kontrollierte er das gesamte amerikanische Bankwesen. Seine und Rockfellers Bank verfügten über 20 % des Volksvermögens. 60 % des Reichtums war 1913 im Besitz von 2 % der Bevölkerung.

Die Großkapitalisten schalteten die Konkurrenz durch Kartelle aus. Als Meister des »Big Business« erwies sich John D. Rockefeller, der das gesamte Ölgeschäft – Verarbeitung, Transport, Absatz – beherrschte, 1879 über 90 % der Raffinerien kontrollierte und 1882 den ersten amerikanischen Konzern, Standard Oil Trust, gründete. Als er 1937 starb, besaß er (auf heutige Verhältnisse umgerechnet) 192 Mrd. Dollar.

Die Epoche zwischen 1890 und 1914 ist als »Gilded Age« in die Geschichte eingegangen. Die Gummibarone, Eisenbahnkönige und Stahlmagnaten residierten in Palästen an der Fifth Avenue in New York. Den Sommer verbrachte die High Society in Newport, Rhode Island, wo sie romantisierende Schlösser baute. Zum Pferderennen fuhr man nach Saratoga, New York, im Winter feierte man unter dem Diktat von »The Mrs. Astor«. Genau 400 Gäste lud sie zu ihrem Januarball in Manhattan – nur wer auf ihrer Liste stand, gehörte zu den »Oberen Vierhundert«.

Währenddessen starben nur wenige Kilometer südlich der Fifth Avenue ein Drittel der Kinder, bevor sie ihr erstes Lebensjahr vollendet hatten. Über eine Mio. Menschen lebte in Verschlägen auf der Straße oder zusam-

Die Mechanisierung des Tötens
Die ersten großen Schlachthäuser entstanden Mitte des 19. Jh.s in Cincinnati im Staat Ohio, wo man überproduzierten Mais zur Whisky-Herstellung oder zur Schweinemast verwandte. Wegen der mangelnden Kühlungsmöglichkeiten konnten die Tiere nur im Winter geschlachtet werden, bis zu 40.000 mussten rationell getötet und verpackt werden.

Mit der Eröffnung der Union Stock Yards, der weltweit größten Schlachthöfe und Fleischverpackungsanlagen, verlagerte sich das Zentrum der Industrie 1865 nach Chicago. Hier wurde erstmals die Fließbandtechnik genutzt, um die Tierkadaver von Station zu Station zu transportieren. 1875, mit der Erfindung des Kühlwagens, war das Schlachten nicht mehr saisongebunden: In den Union Stock Yards durchliefen täglich bis zu 125.000 Tiere den mechanisierten Tötungs-, Zerlegungs- und Abpackungsprozess.

mengedrängt in feuchten Mietskasernen ohne Fenster und sanitäre Einrichtungen. Rachitische Kinder spielten in dunklen Innenhöfen zwischen den Plumpsklos, osteuropäische Juden schufteten für einen Hungerlohn in den Sweat Shops (Nähereien), irische und italienische Banden bekriegten einander. Das Zeitalter der zweiten großen Einwanderungswelle (s. S. 125) hatte begonnen, Zigtausende Mittellose wanderten vom Boot in den Slum der Lower East Side, die zu den dichtestbesiedelten Gebieten der Erde gehörte.

Aber auch wer einen Job fand, musste schuften. Kein Gesetz verbot die Beschäftigung von Kindern oder regelte den Mindestlohn. Die Arbeitsbedingungen waren katastrophal – mit über 30.000 Toten pro Jahr verzeichneten die USA die höchste Unfallrate aller Industrienationen. 95 % der über 37 Mio. Arbeiter gehörten keiner Gewerkschaft an. Die Kapitalisten hatten leichtes Spiel: 1905 überschritt die Zahl der Einwanderer erstmals die Millionengrenze. Wer aufmuckte, wurde gefeuert, jedes Schiff brachte neue Streikbrecher. Carnegie beschäftigte Spitzel, um Rädelsführer dingfest zu machen und ließ 1892 in seinem Stahlwerk in Homestead, Pennsylvania, einen Streik mit Waffengewalt niederschlagen. 14 Menschen starben. Rockefeller entsandte 1913 bei

Die »Suffragetten«, radikale Frauenrechtlerinnen, setzten sich mit Demonstrationen und Störungen öffentlicher Veranstaltungen u. a. für das Frauenwahlrecht in den USA ein.

einem Aufstand der Minenarbeiter in Ludlow, Colorado, eine Miliz von 300 Mann und veranstaltete ein Massaker, bei dem auch Frauen und Kinder ums Leben kamen.

Natürlich brachte das böse Presse. Massiver öffentlicher Druck gegen die »Räuberbarone« hatte bereits 1890 zum »Sherman Act geführt«, dem ersten Bundesgesetz, das Kartellbildung verhindern sollte. Doch erst die verschärfte Regelung von 1914 führte zum Ende der Trusts. 1913 wurde die Bundeszentralbank gegründet. Nun übte der Staat und nicht mehr John Piermont Morgan Kontrolle über das Finanzwesen aus. Zudem wurde in diesem Jahr die »income tax« eingeführt, die dem Bund erlaubte, Steuern auf Einkommen aller Art zu erheben. Das »Gilded Age« hatte sein Ende erreicht.

Im Westen viel Neues

»Eureka« lautet das offizielle Motto Kaliforniens: »Ich habe es gefunden«. Dieser Ruf erschallte in den Jahren nach 1848 tausendfach in der Sierra Nevada: Gold, Gold!

Der Erste, der Gold fand, war James Marshall, der am American River eine Mühle bauen sollte und dabei am 24. Januar 1848 ein Nugget entdeckte. Sein Auftraggeber John Sutter, der sich hier in Kalifornien zum Monarchen eines »Neues Helvetien« machen wollte, versuchte den Fund geheim zu halten. Vergeblich. Kaum war die Kunde nach San Francisco gedrungen, war der Ort leer. Ganze Schiffe desertierten und strömten zum American River. Sutters Fort – das heutige Sacramento – wurde überrannt und zerstört.

Der große Run nach Westen setzte 1849 ein, nachdem der amerikanische Präsident die Goldfunde bestätigt hatte. Nun kamen die »Forty-niners« aus Europa, Australien, Südamerika und China. Zählte man 1848 in Kalifornien noch 2000 nichtindianische Einwohner, so waren es 1852 schon fast 300. 000.

Überall in den westlichen Bergen, in Nevada, Utah, Colorado, New Mexico, Montana und Oregon waren die Prospektoren unterwegs. Wo sie Bodenschätze fanden, wurde ein provisorisches Camp errichtet. Manche dieser Siedlungen entwickelten sich zu Städten, andere wurden verlassen, sobald irgendein Gerücht von neuen sagenhaften Funden den Weg durch die Berge nahm.

Waren die ersten Glücksritter noch mit Planwagen unterwegs, so hatte es der zweite Schub von Siedlern einfacher: 1869 wurde die transkontinentale Eisenbahnlinie von New York nach San Francisco fertig gestellt, nun konnte man bequem von der Ost- zur Westküste reisen und das zu sagenhaften Preisen: 1886 kostete die Fahrt von Kansas City nach Los Angeles einen Dollar! Der Grund für diese Niedrigpreispolitik? Die Eisenbahngesellschaften besaßen Land im Westen und wollten es verkaufen. Das reiche, fruchtbare Kalifornien lieferte den Bodenspekulanten dabei die besten Argumente: In weiten Teilen Zentralkaliforniens herrscht mediterranes Klima - ideal für Zitrusfrüchte. Nachdem 1890 auch noch eine Maschine zum Sortieren und Verpacken von Apfelsinen erfunden wurde, verwandelte sich die Gegend um Los Angeles in einen weiträumigen Orangenhain.

Man schätzt, dass zwischen 1841 und 1866 etwa eine halbe Mio. Menschen in den Westen zog, ein Drittel davon nach Kalifornien, ein Drittel nach Oregon, das seit 1841 über den legendären Oregon Trail zu erreichen war. Auf ihm zogen 1845 ca. 5000 Menschen nach Westen

Bodie State Historic Park in Kalifornien, eine historische Goldgräberstadt, die um 1860 gegründet und 1930 verlassen wurde.

– nach den Goldfunden waren es 1849 ca. 30.000, 1850 ca. 55.000. Die ersten Siedler betrieben als Farmer mit ihren Familien im Nordwesten Landwirtschaft. Mit dem Goldrausch änderte sich die Bevölkerungsstruktur. Die Prospektoren waren in der Regel alleinstehende Männer, die Recht und Gesetz in ihre eigene Hand nahmen. Raufereien gehörten zur Tagesordnung, Besitzverhältnisse wurden mit dem Colt geklärt, Banditen durchstreiften die Berge. Revolverhelden wie Jesse James und Billy the Kid trieben ihr Unwesen, Cowboys und Farmer stritten sich um Land: Die einen wollten es als freie Weidefläche für ihre Tiere, die anderen zogen Zäune, um den Boden als Ackerland zu nutzen.

Es dauerte bis 1890, bis die Regierung – auch durch das Vorgehen des Militärs gegen die Indianer (s. S. 57) – Kontrolle über den Westen gewann. In diesem Jahr meldete das Zensus-Büro, dass »man kaum sagen könne, dass es noch eine frontier line gebe«, also keinen Landstreifen, der als Siedlungsgrenze mit weniger als zwei Personen pro Quadratmeile definiert worden war.

The American Way of Life

Als das neue Millennium beginnt, kann Amerika eine Bilanz vorlegen, die zu den schönsten Hoffnungen für das 20. Jh. berechtigt. Die Infrastruktur ist ausgebaut – Schienennetz 308.000 km, Straßennetz 240.000 km –, Bodenschätze und Rohmaterialien aus dem ganzen Land gelangen in die Fabriken des Nordostens, Güter zu ihren fast 76 Mio. Konsumenten. In den letzten 30 Jahren hatte sich die Zahl der landwirtschaftlichen Maschinen verdreifacht, es wurde mehr Land kultiviert als in der Zeit von 1607 bis 1870. Der Export war seit dem Ende des Bürgerkriegs um das Dreifache gestiegen, die Importe hatten sich verdoppelt. Die USA waren weltweit führend in der Industrie- und Landwirtschaftsproduktion und auf dem besten Weg, sich von Importen unabhängig zu machen und ihre Absatzmärkte im Inneren auszubauen.

Der technische Fortschritt und der wirtschaftliche Aufschwung hatten in den 1890er Jahren zur Entstehung einer Mittelschicht geführt, die ihr Glück im Konsum suchte und den »American Way of Life« entwickelte. In den Städten entstanden die ersten großen Kaufhäuser: »Chains Stores«, Ladenketten, die sich auf bestimmte Waren spezialisierten, schossen überall im Land aus dem Boden, man entdeckte Kinder als Zielgruppe, führte die Ratenkäufe ein. Und realisierte, welche Rolle die Werbung für die Massennachfrage spielt. Beispiel Coca Cola: Das Getränk wurde 1886 in Atlanta von dem Apotheker John Pemberton erfunden, der aber nie davon profitierte. Der Erfolg stellte sich erst bei seinem Nachfolger Asa Chandler ein. Er verteilte Coupons für Gratiskostproben und beschenkte den Zwischenhandel mit Kalendern, Uhren und Fächern. Bereits 1894 konnte er seine erste Fabrik eröffnen, weitere in Dallas, Chicago und Los Angeles folgten – Coca Cola begann, den Kontinent zu erobern. Auch für andere Produkte, ob Kaugummis oder Kameras, wurde landesweit mit teuren Kampagnen geworben.

Mobilität für das konsumfreudige Amerika lieferte Henry Ford. Der Auto-Pionier gründete 1903 die Ford Motor Company. Am 1. Oktober 1908 stellte er sein Fahrzeug für alle, das Model T, vor: ein Vierzylinder mit 20 PS und einer Höchstgeschwindigkeit von 65 km, zum sensationell niedrigen Preis von 850 Dollar. 1909 verkaufte er bereits 19.000 Stück. 1910 eröffnete er in Highland Park, Michigan, ein Werk, in dem streng arbeitsteilig und ab 1913 auch am Fließband produziert wurde.

1914 sorgte Ford für Schlagzeilen, als er einen Gewinnbeteiligungsplan für seine Arbeiter entwickelte, den Acht-Stunden-Tag einführte und den Mindestlohn auf fünf Dollar pro Tag festlegte – weit mehr, als die Konkurrenz zahlte. Hinter dieser Großzügigkeit stand Kalkül: »Ich will, dass meine Arbeiter gut bezahlt werden, damit sie meine Autos kaufen.«

Das Ende des Isolationismus

Um ihre Märkte zu erweitern, hatten die USA in der zweiten Hälfte des 19. Jh.s Handelsverträge mit mittelamerikanischen und karibischen Staaten geschlossen. Pläne, dort und im Pazifik Annexionen vorzunehmen, lagen in der Schublade. Ende des Jahrhunderts war die Gelegenheit günstig: Die Kubaner wehrten sich gegen die spanische Fremdherrschaft, die Amerikaner forderten die Unabhängigkeit der Insel. Mahnende Stimmen lehnten ein Eingreifen ab, aber die Boulevardpresse heizte die antispanische Stimmung landesweit auf. Schließlich erklärten die USA im April 1898 Spanien den Krieg und hatten so das moralische Recht auf ihrer Seite, die unterdrückten Kubaner zu befreien. Die Monroe-Doktrin (s. S. 54) wurde nun auf »Amerika den Amerikanern« verkürzt. Mit dem Sieg über Spanien erhielten die USA die Philippinen, Puerto Rico und Guam, nebenbei annektierte man auch Hawaii. Die ehemaligen Kolonien waren nun ihrerseits zur Kolonialmacht mit Sendungsbewusstsein geworden.

Was die Monroe-Doktrin betrifft, so war sie endgültig Makulatur, als Amerika 1917 in den Ersten Weltkrieg eintrat. »Uns interessiert nicht der Profit und nicht der eigene Vorteil. Wir kämpfen für das, was wir für das Recht der Menschen auf Frieden und Sicherheit halten«, sagte Präsident Woodrow Wilson.

Spätestens zu diesem Zeitpunkt schlüpften die USA in die Rolle, die sie während des gesamten 20. Jh.s innehatten: Selbsternannte Weltpolizei mit moralisch erhobenem Zeigefinger.

Weltmacht und Weltpolizei: die Zeit nach 1920

1947	Marshall-Plan als Aufbauhilfe für das zerstörte Europa
1948/49	Die USA halten Berlin durch die Luftbrücke am Leben.
1949	Gründung der NATO
1959	Alaska wird als 49., Hawaii als 50. Staat in die Union aufgenommen.
1969	400.000 junge Leute feiern das Woodstock-Festival.
1973/74	Ölembargo der OPEC-Staaten, den USA geht der Treibstoff aus.
1975	Bill Gates gründet Microsoft.
1979–81	Geiseldrama in Teheran
1983	US-Intervention auf Grenada
1987	Börsenkrach
1991	Operation »Desert Storm« nach dem Einmarsch des Irak in Kuweit
1991	Ende der Sowjetunion, die USA sind die einzige verbleibende Weltmacht.
1994	Der Demokrat Bill Clinton ist Präsident, aber die republikanische Mehrheit im Kongress schafft viele sozialpolitische Errungenschaften ab.
1998	Clintons Affäre mit der Praktikantin Monica Lewinsky wird bekannt.
2000	Wahldebakel: George W. Bush wird Präsident durch Gerichtsentscheid und gegen den Wählerwillen.
2001	Terroranschläge des 9. September
2001/02	Der Patriot Act und der Homeland Security Act zur Terrorbekämpfung schränken in der Verfassung garantierte Bürgerrechte ein.
2002	Die ersten Gefangenen werden nach Guantanamo transportiert; Jimmy Carter erhält den Friedensnobelpreis.
2003	Beginn des Irakkriegs
2004	Bilder von folternden amerikanischen Soldaten aus dem irakischen Gefängnis Abu Ghraib erschüttern die Welt; Wiederwahl Bushs durch Unterstützung der religiösen Rechten
2005	Hurrikan Katrina: Washington versagt bei der Katastrophenhilfe.
2006	Präsident Bush beginnt mit dem Mauerbau an der mexikanischen Grenze.
2007	Sanktionen gegen den Iran

Die Roaring Twenties

Der aus 14 Punkten bestehende Plan des amerikanischen Präsidenten Woodrow Wilson zur Neuordnung Europas stieß weder bei den Alliierten noch seinen

Landsleuten auf Zustimmung. Die USA waren zwar zur führenden Weltmacht aufgestiegen, aber mit dem Krieg hatte sich die Stimmung geändert. Nach ihren kurzen Ausflügen in die internationale Politik wählte die Nation wieder den Isolationismus und beschäftigte sich mit sich selbst.

Innere Reformen hatten längst nicht alle Probleme gelöst, die noch aus den Anfangsjahren der Industrialisierung und des ungebremsten Kapitalismus stammten. Streikende im ganzen Land forderten die Verbesserung ihrer Arbeitsbedingungen. Mit der zunehmenden Zahl jüdischer und katholischer Einwanderer steigerte sich der Fremdenhass zur Hysterie. Die Great Migration (s. S. 70) hatte die Rassenunruhen auch in den Norden getragen, der Ku-Klux-Klan agierte nun landesweit. Doch die Politik ging nicht gegen diese Art von Lynchjustiz vor, sondern gegen »Muckracker« (Dreckwühler). So nannte man kritische Journalisten und Autoren, Linke und alle gewerkschaftlich Organisierten: Anarchisten, Kommunisten, Sozialisten. Schuld an den gesellschaftlichen Problemen waren die Sozialisten, so Alexander Mitchell Palmer, Generalstaatsanwalt unter Wilson: »Der Kommunismus ist dabei, sich in die Häuser des amerikanischen Arbeiters hineinzufressen«. Gegen Anarchisten gab es eine gesetzliche Handhabe, zwei Erlasse von 1901 und 1918. Und Palmer wandte sie an: 1919 setzten seine Agenten 249 neu Eingewanderte auf ein Schiff und schickten sie zurück nach Russland. Bei Razzien im ganzen Land wurden 1920 Zigtausende »Linke« verhaftet, unter ihnen auch Sacco und Vanzetti, die 1927 nach einem mehr als fadenscheinigen Prozess angeblich wegen Mordes hingerichtet wurden.

Währenddessen boomte die Wirtschaft. Gründe dafür waren die Massenfabrikation von Autos und die Erzeugung und Verwendung von billiger Elektrizität. Das führte zu einer Mechanisierung des Haushalts und damit zu einer Fülle neuer Konsumartikel. Das Auto und das eigene Haus gehörten zum »American Dream«, alles schien

Vernichtung von Alkohol durch die Polizei. Während der Prohibition (1919–1933) waren Herstellung und Verkauf alkoholischer Getränke per Gesetz verboten, wurden aber in einigen Bundesstaaten weiterhin aufrecht erhalten.

machbar – Technik und Fortschritt wurden zum Synonym für die »Roaring Twenties«. Für die urbane Boheme boten sie neue Freiheiten, um die letzten puritanischen Tabus abzustreifen. Das 1919 verhängte Alkoholverbot ließ sich umgehen, dafür sorgte die organisierte Kriminalität, die zeitgleich mit der Prohibition entstand. Amerika konsumierte, Amerika tanzte, Amerika befand sich im Rausch.

Depression und Zweiter Weltkrieg

Der Börsenkrach im Oktober 1929 bereitete der glanzvollen Epoche ein jähes Ende. Die Wirtschaftskrise kam selbst für Experten unerwartet, zumal ein Indikator fehlte, der früheren Depressionen immer vorausgegangen war: rapide Preis- und Kostensteigerungen. Wall Street ging es gut, von 1926–29 hatte sich das Kursniveau verdoppelt. Jeder, vom Schuhputzer bis zum Schauspieler, vom Banker bis zum Bartender, hatte in Aktien investiert, viele mit geliehenem Geld. Entsprechend traf es dann auch alle, als die Spekulationsblase platzte. Das ganze Land und mit ihm die restliche Welt schlitterte in die bis dato (und bis heute) schwerste Wirtschaftskrise aller Zeiten.

Die Depression erreichte ihren Höhepunkt in den 1930er Jahren. 1932 waren über 15 Mio. Menschen ar-

Weltwirtschaftskrise 1931: Arbeitslose stehen vor einer Suppenküche in Chicago Schlange, die von Al Capone eröffnet wurde. Der berüchtigte Gangsterboss kontrollierte die Unterwelt von Chicago und nutzte jede Gelegenheit, in der Öffentlichkeit ein positives Image von sich zu erzielen.

beitslos und auf öffentliche oder private Unterstützung angewiesen. Im selben Jahr wurde Franklin D. Roosevelt zum Präsidenten gewählt und versprach, mit dem »New Deal« für soziale und wirtschaftliche Gerechtigkeit zu sorgen. Als er sein Amt antrat, war das Bankwesen völlig zusammengebrochen. Es war schier unmöglich, irgendwo einen Scheck einzulösen. Roosevelt ging so weit, die Geldinstitute vorübergehend zu schließen – für Amerika eine unerhörte Sache. So schaffte er es aber, das Vertrauen in die Banken wiederherzustellen. Teil seines New Deal war die Work Progress Administration (WPA), die 1935 mehr als die Hälfte des gesamten Regierungsbudgets erhielt. Mit diesem Geld wurden Arbeitsplätze in öffentlichen Projekten finanziert, und zwar in allen Bereichen: Ob es die Pflege der Parkanlagen war, der Schulunterricht oder der Straßenbau – Washington zahlte. Selbst Künstler unterstützte er durch Auftragsarbeiten.

Roosevelts New Deal

»Ich gelobe euch, ich gelobe mir selbst einen New Deal für das amerikanische Volk«, sagte Franklin Delano Roosevelt am 27. Juni 1932, nachdem ihn die demokratische Partei zum Präsidentschaftskandidaten nominiert

Franklin D. Roosevelt im Gespräch und Josef Stalin während der Konferenz von Jalta, während der beide gemeinsam mit Winston Churchill über das Schicksal des besiegten Deutschland konferierten.

hatte. Der Ausdruck New Deal kommt aus der Sprache der Kartenspieler und bezeichnet eine Neuverteilung der Spielkarten. Das Bild ist insofern gut gewählt, als es charakterisiert, dass Roosevelt keine bestimmte Ideologie verfolgte, schon gar keine sozialistische, wie ihm seine Gegner vorwarfen. Er wollte die Karten nur verteilen, ausspielen sollte sie jeder selbst.

Als Roosevelt nominiert wurde, war klar, dass er die Wahl gewinnen würde. Nach drei republikanischen Präsidenten, von denen zwei vom Boom der 1920er Jahre profitiert hatten und der dritte, Herbert C. Hoover, sich in den Krisenjahren aber als vollkommen unfähig erwiesen hatte, war die Zeit reif für einen Parteiwechsel. Vor allem aber war sie reif für einen Mann, der der Nation Mut machte. F. D. Roosevelt, der seit seinem 40. Lebensjahr nach einer Polioerkrankung gelähmt war und sich zwang, mithilfe eiserner Beinschienen zum Rednerpult zu gehen, traute man zu, auch die Probleme des Landes zu lösen. Wenn er sagte: »Das Einzige, was wir zu fürchten haben, ist die Furcht selbst«, dann glaubte ihm Amerika.

Die Historiker sind sich nicht einig darüber, ob der New Deal zur Überwindung der Depression beitrug oder nicht. Tatsache ist, dass es den USA erst wieder besser ging, als sie 1938 mit der Aufrüstung begannen. Von entscheidender Bedeutung aber ist, dass durch Roosevelts Maßnahmen die Stellung des Präsidenten und des Bundes gestärkt wurde, der von nun an gerade im Bereich der Sozialgesetzgebung eine weitaus wichtigere Rolle spielte als vor 1933.

Als 1939 der Krieg in Europa begann, war sich die amerikanische Öffentlichkeit einig: Man wollte sich nicht einmischen. Roosevelt befand sich in der Zwickmühle: Er hatte seinen Wählern Frieden versprochen, aber er hatte auch Churchill bereits im Sommer 1941

Japanischer Luftangriff auf Pearl Harbour, 7. Dezember 1943.

Hilfe zugesagt. Als die Japaner am 7. Dezember 1941 in einem Kamikaze-Unternehmen die US-Pazifikflotte in Pearl Harbor auf Hawaii angriffen und in 90 Minuten die gesamte Militärbasis zerbombten, gab es rund 2400 Tote und mehr als 1000 Verletzte. Es war das erste Mal, dass die USA auf ihrem eigenen Territorium angegriffen wurden. Nun änderte sich die öffentliche Meinung: Am 8. Dezember erklärten die USA Japan den Krieg, woraufhin die Achsenmächte Italien und Deutschland ihrerseits die Kriegserklärung gegen die Vereinigten Staaten verkündeten.

Getrieben vom Hass gegen die Japaner – der auch dazu führte, dass 120.000 Angehörige dieser ethnischen Gruppe, gleich ob amerikanische Staatsbürger oder nicht, in Lagern interniert wurden – meldeten sich nun Hunderttausende freiwillig zum Kriegsdienst. Viele waren enttäuscht, als sie in Europa landeten. Die USA kämpften an beiden Fronten, besonders grausam ging es im Pazifikkrieg zu, der auch ein Rassenkrieg war. Letztlich erscheint es nur konsequent, dass man die mithilfe deutscher Wissenschaftler ab 1943 in Los Alamos entwickelte Atombombe am 6. und 9. August 1945 über Hiroshima und Nagasaki abwarf.

Der Kalte Krieg

Spätestens bei der Festlegung der Zonengrenzen in Berlin 1947 wurde offensichtlich, dass aus den ehemaligen Alliierten erbitterte Gegner geworden waren und sich die beiden Großmächte im Kräftemessen übten: Der Kalte Krieg begann. Anfangs war es nicht so, dass die USA als reichste Nation der Erde automatisch in Technik und Rüstung die Spitzenstellung einnahm. 1949 war auch die Sowjetunion Atommacht, 1957 schossen sie den ersten Satelliten in die Erdumlaufbahn – der sogenannte »Sputnik-Schock« erschütterte die westliche Welt. Und als 1961 der erste Mensch im Weltall kreiste, war es ein Russe. »Unsere Nation muss einen Mann auf den Mond schicken, bevor dieses Jahrzehnt zu Ende geht«, forderte daraufhin Kennedy. Der Präsident subventionierte die Weltraumforschung, erlebte aber den Erfolg nicht mehr. Als Neil Armstrong 1969 als erster Mensch den Mond betrat, war er schon tot.

In den USA hatte die Tatsache, dass die Sowjetunion ebenfalls Atomwaffen besaß, und die Ausrufung des Kommunismus in China Panik ausgelöst. Die alte Angst vor den Kommunisten flammte wieder auf und Senator Joseph McCarthy nutzte die Paranoia und stellte in der ersten Hälfte der 1950er Jahre vier Mio. Menschen vor die parlamentarischen Untersuchungsausschüsse zur Aufdeckung sogenannter »unamerikanischer Betätigung«. Mit fragwürdigen Verhörmethoden – »Haben Sie jemals das Thema ‚Tanz in Russland' behandelt?«, »Lesen Sie viele Bücher?« – sollten »kommunistische Elemente« gesellschaftlich kaltgestellt werden. Menschen aus allen Schichten – Sekretärinnen, Lehrer, Gewerkschaftler, Intellektuelle und Künstler wie Thomas Mann, Bert Brecht, Humphrey Bogart und Arthur Miller – waren dieser Hexenjagd ausgesetzt, fast 10.000 amerikanische Bürger verloren ihren Job und ihr gesellschaftliches Ansehen.

Außenpolitisch bestimmte das seit 1946 kursierende Wort der »Eindämmung« des kommunistischen Expansionsdrangs die Politik. Wo immer die Gefahr der Bildung eines sozialistischen Satellitenstaats bestand, marschierten die Amerikaner im Namen der Demokratie ein: 1950 schickten sie Truppen nach Korea und bereits 1954 finanzierten die USA 80 % des französischen Indochinakriegs, der in den 1960er Jahren zum Vietnamkrieg und in den 1970er Jahren zum großen Trauma der Nation wurde. Erstmals gab es keine Konfettiparade auf der Fifth Avenue, als die geschundenen Soldaten 1973 aus Südostasien zurückkehrten, erstmals war die Nation nicht siegreich. Die physisch und psychisch ruinierten jungen Männer wurden nicht als Helden gefeiert, sondern als Schandfleck und schlechtes Gewissen der Nation empfunden.

Neben demokratischen setzte die USA auch wirtschaftliche Interessen durch, u. a. mithilfe der 1947 gegründeten CIA. Schon 1953 ging es ums Öl: Die durchaus demokratischen Ansätzen verpflichtete Regierung in Persien plante die Ölindustrie zu verstaatlichen. Da stürzte die CIA auf Betreiben Dwight David Eisenhowers die Regierung Mossadegh und die USA setzte Schah Reza Pahlevi ein. Jetzt konnten sie sich mit den Briten 80 % des iranischen Ölvorkommens teilen. In Guatemala hatte die US-amerikanische United Fruit Company großen wirtschaftlichen Einfluss. Die CIA sorgte dafür, dass es Beweise kommunistischer Unterwanderung gab, nachdem der Präsident des mittelamerikanischen Staates, Jacobo Arbenz Guzmán, 1952 Land der Company enteignet und an Kleinbauern verteilt hatte. 1954 unterstützte die CIA einen Putsch und setzte Castillo Armas als Präsidenten ein, der das Land wieder an die United Fruit Company zurückgab. Nach diesem Schema gingen die USA in Chile, im Kongo, im Iran und anderen Ländern vor und nicht nur einmal entwickelten ehemalige Marionetten ihr Eigenleben und mussten später bekämpft werden – jüngster Fall: Saddam Hussein.

Die Bürgerrechtsbewegung

Während die USA im Kalten Krieg ihre Werte in die Welt exportierten, gab es große innenpolitische Probleme. Noch immer waren die Schwarzen Menschen zweiter Klasse, in den Ghettos der Großstädte entlud sich die ohnmächtige Wut in blutigen Aufständen, die Rassentrennung wurde noch immer aufrechterhalten. V. a. der Süden bestand aus zwei Welten, einer schönen weißen und einer schäbigen schwarzen. Restaurants, Theater, Hotels, öffentliche Verkehrsmittel, Schulen etc. verwehrten Schwarzen entweder ganz den Zutritt oder wiesen

John Fitzgerald Kennedy mit seiner Frau Jacqueline und seinen Eltern Joseph P. und Rose Fitzgerald Kennedy. Der 35. Präsident der Vereinigten Staaten wurde nach nur 1036 Tagen im Amt am 22. November 1963 Opfer eines Attentats, sein jüngerer Bruder Robert wurde 1968 ermordet.

ihnen minderwertige Bereiche zu. Afroamerikaner wurden daran gehindert, ihr Wahlrecht auszuüben, sie wurden vom weißen Mob verfolgt und gelyncht. Vor Gericht bekamen immer die Aggressoren Recht, denn sowohl die Polizei als auch die Jury und die Richter waren weiß.

Über Generationen hatten sich die Schwarzen diese Demütigungen und tätlichen Angriffe gefallen lassen, ohne sich zu erheben. Und die Weißen hatten zugesehen, ohne sich zu empören. Erst während des Zweiten Weltkriegs begann der Wandel: Die Rassentrennung in der Armee und in öffentlichen Einrichtungen, die dem Bund unterstanden, wurde abgeschafft. 1954 errangen die Anwälte der NAACP (National Association for the Advancement of Colored People) dann ihren ersten großen Sieg. Der Oberste Bundesgerichtshof erklärte die Rassentrennung in öffentlichen Schulen für verfassungswidrig.

Dieses Urteil war zwar ein Erfolg, aber letztlich nur Makulatur, solange sich die Politiker der Südstaaten weigerten, es umzusetzen. Das Bürgerrechtsgesetz von 1957 ermöglichte es dem Präsidenten, Truppen zur Durchsetzung der Rechte der Schwarzen einzusetzen, und so schickte Dwight D. Eisenhower in demselben Jahr die Nationalgarde, als der Gouverneur von Arkansas neun schwarze Studenten mit Waffengewalt am Betreten der High School von Little Rock hindern wollte. Erst das von der Kennedy-Regierung entwickelte und von Johnson verabschiedete Civil Rights Law von 1964 stärkte u. a. auch die Stellung des Bundes gegenüber den Staaten bei der Durchsetzung von Anti-Diskriminierungsgesetzen (s. S. 136).

John F. Kennedy trat 1960 sein Amt an, ein junger, charismatischer Mann, der die Bekämpfung der Armut versprach und sich für die Bürgerrechtsbewegung stark machte. Kennedy wurde zum Hoffnungsträger und somit internationalem Helden, nachdem er 1962 die Kubakrise – die Sowjetunion hatte dort Raketenbasen installiert – gemeistert und die Welt vor einem drohenden Atomkrieg gerettet hatte. Innenpolitisch kam Bewegung ins Land: Anfang der 1960er Jahre wurde das Civil Rights Movement zur Massenbewegung und nahm Dimensionen an, die niemand erwartet hatte. Studenten, weiße und schwarze, taten sich zusammen und veranstalteten im Süden Sit-Ins: Gemeinsam setzten sie sich in Lokalen in Sektoren, die nur Weißen vorbehalten waren und blieben dort solange, bis man auch die Schwarzen bediente. Ähnlich agierten die Freedom Riders. Sie kämpften gegen die Rassentrennung in den Bussen, durchbrachen dort die Sitzordnung, nutzen in Raststätten Toiletten und Wartesäle, zu denen ihnen eigentlich der Zutritt verweigert war. Obwohl sie gewaltfrei vorgingen, kam es immer wieder zu Attacken weißer Rassisten. Martin Luther King übernahm die Strategie der Sit-Ins und setzte sie bei seinen Aktionen in den Städten des Südens ein.

Martin Luther King bei seiner Rede »I have a dream« auf den Stufen des Lincoln Memorial. Beim Marsch auf Washington am 28. August 1963 demonstrierten 250.000 schwarze und weiße Amerikaner gemeinsam für eine fortschrittliche Bürgerrechtsgesetzgebung.

Die Frage, wie sie auf die Gewalt, die den Afroamerikanern seit Jahrhunderten angetan worden war, reagieren solle, spaltete die Bürgerrechtsbewegung. Martin

»Ich habe einen Traum, dass eines Tages auf den roten Hügeln von Georgia die Söhne einstiger Sklaven und die Söhne einstiger Sklavenhalter zusammen am Tisch der Brüderlichkeit sitzen … Ich habe einen Traum, dass eines Tages meine vier kleinen Kinder in einer Nation leben werden, wo sie nicht nach ihrer Hautfarbe, sondern nach ihrem Charakter beurteilt werden …« *Auszug aus Martin Luther Kings Rede am 28. August 1963 in Washington*

Luther King, der seine Anhänger vor allem im Süden fand, predigte Gewaltlosigkeit. Dass sie gelebt werden kann, stellte er unter Beweis, als er zu einem friedlichen Marsch nach Washington aufrief, wo er am 28. August 1963 vor 250.000 Menschen seine berühmte visionäre Rede »I have a dream« hielt.

Andere lehnten Kings Pazifismus strikt ab. Führer wie Malcolm X forderten Gegengewalt und fanden dabei v.a. in den städtischen Ghettos des Nordens Gehör, wo es Mitte der 1960er Jahre zu oft tagelangen blutigen Schlachten zwischen den Schwarzen und der Polizei kam. Es wirft ein trauriges Licht auf die Konflikte und Widersprüche der 1960er Jahre, dass beide, der Prediger der Gewalt wie der des Friedens, ermordet wurden: Malcolm X 1965 und Martin Luther King 1968, im selben Jahr wie Robert Kennedy.

Rosa Parks und der Montgomery Busstreik

Sie sei müde gewesen nach dem langen Arbeitstag, sagte sie. Und habe einfach keine Lust gehabt, ihren Sitzplatz im Bus einem Weißen zu überlassen. Und so blieb die schwarze Näherin Rosa Parks sitzen, an jenem 1. Dezember 1955. Der Busfahrer rief die Polizei, die Frau wurde verhaftet. Sie war nicht die Erste, die wegen eines derartigen »Verbrechens« ins Gefängnis kam. Und ihre Heimatstadt Montgomery in Alabama war nicht der einzige Ort, in dem strikte Rassentrennung herrschte. Dass sie in öffentlichen Schulen verfassungswidrig war, hatte der Oberste Gerichtshof 1954 erklärt, und auch wenn es noch Jahre dauern sollte, bis dieses Urteil praktische Wirkung zeigte, war der psychologische Effekt enorm: Der Richterspruch schürte Hoffnung und spornte an, weitere Rechte zu fordern.

Gelegenheit dazu bot sich im Dezember 1955. Die Verhaftung von Rosa Parks war der berühmte Funke, der zur ersten geschlossenen Aktion einer afroamerikanischen Gemeinde führte. Dabei wurde erstmals ein Mann ins Rampenlicht gerückt, der zur Symbolfigur des Widerstands werden sollte: Martin Luther King. 381 Tage boykottierten die Schwarzen das Bussystem von Montgomery, solange, bis der Bundesgerichtshof am 13. November 1956 die Rassentrennung in Bussen für verfassungswidrig erklärte.

Von Vietnamkrieg zum Irakkrieg

Kennedys Nachfolger, Lyndon B. Johnson, mühte sich zwar redlich, Kennedys Pläne in Gesetzesform zu bringen, verstrickte das Land aber immer tiefer in den Vietnamkrieg, der in der Bevölkerung auf zunehmend größeren Widerstand stieß. Die Jugend, geprägt durch die von Kalifornien ausgehende Hippie-Bewegung, erhob sich. »Make love not war« war der Slogan, den 1969 700.000 Menschen skandierten, die in Washington ein Ende des Krieges forderten.

Als es 1973 endlich soweit war, lag die Nation moralisch wie wirtschaftlich am Boden. 1969 war Richard Nixon Präsident geworden, den viele unterstützt hatten, weil er ein »kleiner Mann« war. Nachdem die Watergate-Affäre mit ihren gravierenden Missbräuchen von Regierungsvollmachten bekannt geworden war, konnte Nixon nur durch seinen Rücktritt 1974 dem Impeachment (s. S. 96) entgehen. Der Demokrat Jimmy Carter, der 1977 sein Amt antrat, schaffte es zwar, einen neuen Stil ins Weiße Haus zu bringen und als Advokat für die Menschenrechte in den Drittweltländern das Ansehen der USA zu heben, scheiterte aber an der Saat, die der CIA in den 1950er Jahren gesät hatte: In seiner Amtszeit fand der Umsturz im Iran statt, Ajatollah Khomeini übernahm die Macht und nahm 52 US-Bürger in der

»Make love not war« – Woodstock brachte das Lebensgefühl einer ganzen Generation Jugendlicher zum Ausdruck. Bei dem mehrtägigen Musikfestival im August 1969 kamen eine halbe Million Menschen zusammen, um u.a. Janis Joplin, Jimi Hendrix, Joan Baez, Arlo Guthrie zu hören und sehen.

Vietnamverteranen demonstrieren vor dem Kapitol in Washington gegen den Vietnamkrieg.

Teheraner Botschaft in Geiselhaft. Carter wurde nicht wiedergewählt, wohl auch weil er die Geiselkrise nicht lösen konnte. Kurz nach der Präsidentenwahl wurden die Verhandlungen zwischen den USA und Iran erneut aufgenommen. Am Tag der Vereidigung des neuen Präsidenten Ronald Reagan wurden die Gefangenen im Gegenzug zur Freigabe des iranischen Vermögens auf US-Banken freigelassen.

Die Bevölkerung verlor das Interesse an der Politik, auch weil es zu einem Reformstau kam. Unter Reagan wurden Steuern gesenkt, was die Wohlhabenden begünstigte. Es folgte George Bush, Freund des Kapitals und der Großindustrie – keiner von beiden nahm die so dringend nötigen Veränderungen im Bildungs- oder Gesundheitswesen und bei der Armutsbekämpfung vor. Selbst als das Land mit Bill Clinton endlich wieder einen reformfreudigen Präsidenten hatte und es auch wirtschaftlich wieder bergauf ging, scheiterte Clintons Gesundheitsreform an der Lobbyarbeit der Pharmaindustrie.

9/11.
Fast 3000 Menschen kamen am 9.11.2001 zu Tode, als Selbstmordattentäter des islamistischen Terrornetzwerks Al-Quaida Flugzeuge auf zivile und militärische Einrichtungen der USA lenkten, u.a. in die beiden Türme des World Trade Centers in New York. Als Reaktion auf die Anschläge leitete George W. Bush den Antiterrorkrieg ein: 2001 führten die USA Krieg in Afghanistan, und auch der Irakkrieg im Jahr 2003 wurde mit den Terroranschlägen begründet.

Gegen Ende der Ära von George W. Bush hat dieser in seinen zwei Amtsperioden innen- und außenpolitische Konflikte heraufbeschworen. Es seien hier nur der Irakkrieg, die Umwelt- und die Einwandererpolitik genannt.

Die Präsidenten der Vereinigten Staaten von Amerika:

1.	**1789-1797**	George Washington (1732-1799)
2.	**1797-1801**	John Adams (1735-1826)
3.	**1801-1809**	Thomas Jefferson (1743-1826)
4.	**1809-1817**	James Madison (1751-1836)
5.	**1817-1825**	James Monroe (1758-1831)
6.	**1825-1829**	John Quincy Adams (1767-1848)
7.	**1829-1837**	Andrew Jackson (1767-1845)
8.	**1837-1841**	Martin van Buren (1782-1862)
9.	**1841**	William H. Harrison (1773-1841)
10.	**1841-1845**	John Tyler (1790-1862)
11.	**1845-1849**	James K. Polk (1795-1849)
12.	**1849-1850**	Zachary Taylor (1782-1850)
13.	**1850-1853**	Millard Fillmore (1800-1874)
14.	**1853-1857**	Franklin Pierce (1804-1869)
15.	**1857-1861**	James Buchanan (1791-1868)
16.	**(N)1861-1865**	Abraham Lincoln (1809-1865)
16.	**(S)1861-1865**	Jefferson Davis (1808-1889)
17.	**1865-1869**	Andrew Johnson (1808-1875)
18.	**1869-1877**	Ulysses S. Grant (1822-1885)
19.	**1877-1881**	Rutherford B. Hayes (1822-1893)
20.	**1881**	James A. Garfield (1831-1881)
21.	**1881-1885**	Chester A. Arthur (1830-1886)
22.	**1885-1889**	Grover Cleveland (1837-1908)
23.	**1889-1893**	Benjamin Harrison (1833-1901)
24.	**1893-1897**	Grover Cleveland (1837-1908)
25.	**1897-1901**	William McKinley (1843-1901)
26.	**1901-1909**	Theodore Roosevelt (1858-1919)
27.	**1909-1913**	William H. Taft (1857-1930)
28.	**1913-1921**	Woodrow Wilson (1856-1924)
29.	**1921-1923**	Warren G. Harding (1865-1923)
30.	**1923-1929**	Calvin Coolidge (1872-1933)
31.	**1929-1933**	Herbert C. Hoover (1874-1964)
32.	**1933-1945**	Franklin D. Roosevelt (1882-1945)
33.	**1945-1953**	Harry S. Truman (1884-1972)
34.	**1953-1961**	Dwight D. Eisenhower (1890-1969)
35.	**1961-1963**	John F. Kennedy (1917-1963)
36.	**1963-1969**	Lyndon B. Johnson (1908-1973)
37.	**1969-1974**	Richard M. Nixon (1913-1994)
38.	**1974-1977**	Gerald Ford (* 1913)
39.	**1977-1981**	James E. »Jimmy« Carter (* 1924)
40.	**1981-1989**	Ronald Reagan (* 1911)
41.	**1989-1993**	George Bush (* 1924)
42.	**1993-2001**	Bill Clinton (* 1946)
43.	**2001-2008**	George W. Bush (* 1946)

Das Jefferson Memorial in Washington wurde zu Ehren des dritten Präsidenten errichtet.

Washington

Washington ist in einen Sumpf gebaut, im Sommer klettern die Temperaturen bis auf 40 Grad – britische Diplomaten, die im 19. Jh. in die Stadt am Potomac versetzt wurden, erhielten mit gutem Grund eine Dschungelzulage.

Dass man die Hauptstadt der USA in einem Sumpfgebiet baute, war eine politische Entscheidung, die sieben Jahre in Anspruch nahm. Zur Vorgeschichte: Die erste Hauptstadt nach Ratifizierung der Verfassung war New York. Doch der Präsident musste einen ständigen Regierungssitz finden. Als Kompromiss wurde 1790 Philadelphia für zehn Jahre zur Hauptstadt erklärt. In der Zwischenzeit sollte ein geeigneter Ort gefunden werden. Und da gab es wegen des Kräftespiels zwischen Nord- und Südstaaten unterschiedliche Vorstellungen.

Die politisch wichtige Frage wurde 1790 durch einen Handel von Thomas Jefferson, James Madison und Alexander Hamilton bei einem Abendessen entschieden: Jefferson und Madison (die aus Virginia stammten) unterstützten Hamiltons Pläne einer Nationalbank in New York, dafür stimmte dieser einer in den Südstaaten gelegenen Hauptstadt zu.

Die Verantwortung für die Errichtung der Planhauptstadt lag nun allein bei George Washington. Die einzigen Vorgaben, die er zu beachten hatte, waren, dass die neue Hauptstadt am Potomac River liegen müsse und eine quadratische Fläche von je 10 Meilen Seitenlänge bedecken solle. Außerdem musste er die Besitzer des Sumpflandes für das Projekt gewinnen und in die Finanzierung mit einbeziehen.

Zum Architekten bestimmte Washington den Franzosen Pierre Charles L'Enfant, den er noch aus seiner Zeit als General der Kontinentalarmee kannte. Als Inspiration legte Thomas Jefferson diesem verschiedene Stadtpläne vor, die er von einer Reise durch Europa 1788 mitgebracht hatte, darunter Karten von Frankfurt am Main, Karlsruhe, Amsterdam und Paris. L'Enfant entwickelte daraufhin eine erste Version, überwarf sich dann aber mit den Auftraggebern aus dem Kongress, sodass das Projekt einem anderen übertragen wurde. Die weitere Konzeption der »Federal City« wurde in die Hände des Landvermessers Andrew Ellicott gelegt, der die ursprünglichen Pläne von L'Enfant stark modifizierte.

1824 war Washington nicht mehr als eine Provinzstadt, die sich gerade erst von den Folgen des zehn Jahre zurückliegenden britischen Überfalls erholt hatte. Das Weiße Haus war nach einem Brand wieder aufgebaut worden und erhielt einen halbrunden Portikus im Süden. Das Kapitol, das ebenfalls gebrannt hatte, trug zu dieser Zeit noch die flache Kuppel, die ihm der Architekt Charles Bulfinch aufgesetzt hatte. Insgesamt war mit dieser Hauptstadt noch nicht viel Staat zu machen. Charles Dickens, der sie 1842 besuchte, zeichnet ein eher trübes Bild des amerikanischen Regierungssitzes: »Weiträumige Avenues, die im Nichts anfangen und nirgendwohin führen, ... öffentliche Gebäude, die zur Fertigstellung eine Öffentlichkeit brauchen.«

Diese Öffentlichkeit sollte die Weltöffentlichkeit sein. Erst als die USA ihre Stellung zur Weltmacht ausbauten, erhielt die Hauptstadt ihr heutiges Gesicht. James McMillan, ein einflussreicher Senator, veranlasste um die Wende zum 20. Jh., dass man sich wieder der Stadtplanung zuwende und dabei das große Vorbild nicht aus den Augen verliere: Rom. Die besten Architekten wie Daniel H. Burnham, Charles McKim und Frederick Olmsted wurden angeheuert und reisten zu Studienzwecken in die ewige Stadt. Für den Bau des Supreme Court, der 1935 fertig gestellt wurde, gewann man den hervorragenden Architekten Cass Gilbert.

Was Pierre L'Enfant begonnen hatte, fand im 20. Jh. seine Vollendung – und wie sehr man sich dabei selbst heute noch dem klassischen Vorbild verpflichtet fühlt, zeigt der Bau der supermodernen U-Bahn, deren Tunnelsystem an eine römische Therme erinnert.

Das Wisconsin State Capitol Building in Madison ist eine der vielen Kopien des Kapitols in Washington.

Mordhauptstadt Washington
Washington ist eine würdige Repräsentantin einer Weltmacht: Alter Baumbestand, weite Grünanlagen und blütenweiße Marmorbauten. Doch außerhalb des Regierungsviertels sieht die Realität anders aus – nirgendwo in den USA kommen, bezogen auf die Einwohnerzahl, mehr Menschen gewaltsam zu Tode als in der Kapitale. Beim landesweiten Schultest (ACT) schneiden die Töchter und Söhne der Landeshauptstadt am schlechtesten ab, bei der Armutsrate belegt Washington Platz 2. Weit über 50 % der Bevölkerung ist schwarz und arm. Und das, obwohl hier doch überdurchschnittlich viele Angehörige der gehobenen Mittel- und Oberschicht arbeiten. Die Crux: Diese gehen nicht in die Statistik ein, da sie in der Regel in Vororten leben, d. h. in Virginia und Maryland.

Eine Resolution vom 14. Juni 1777 legte die Grundlage für die Gestaltung der Flagge der Vereinigten Staaten, 1818 wurde dieses Design von Präsident James Monroe verbindlich festgelegt und seitdem lediglich in Hinblick auf die Anzahl der Sterne verändert: Stars and Stripes. Die 13 Streifen in Rot und Weiß verweisen auf die Gründerkolonien, die sich zu den Vereinigten Staaten zusammenschlossen, und mittlerweile 50 weiße Sterne stehen für 50 Bundesstaaten. Als Flagge der ehemaligen englischen Kolonien gehen die Farben auf den englischen »Union Jack« zurück. Weiß steht für Reinheit und Unschuld, Rot bedeutet Tapferkeit und Widerstandsfähigkeit und Blau symbolisiert Wachsamkeit, Beharrlichkeit und Gerechtigkeit.

Das politische System

Die USA sind ein Bund aus 50 Staaten und dem District of Columbia, der als Regierungssitz (Washington D. C.) insofern eine Sonderstellung einnimmt, als die alleinige legislative Gewalt in der Stadt vom Kongress ausgeht. Die Verfassung gibt die Struktur der Bundesregierung vor – Exekutive, Legislative und Judikative – und definiert deren Aufgaben und Rechte. Alle weiteren und aufgrund der historischen Entwicklung sehr weit reichenden Regierungstätigkeiten fallen in den Zuständigkeitsbereich der einzelnen Bundesstaaten, die ihre eigenen Verfassungen und Gesetze haben, die von Staat zu Staat höchst unterschiedlich sind. Als Beispiel sei nur das Strafrecht genannt, das Ländersache ist, mit der Folge, dass es in bestimmten Staaten die Todesstrafe gibt, während sie in anderen verboten ist. Die Länderregierungen sind nach demselben Muster aufgebaut wie die Bundesregierung, was sich auch in der Architektur widerspiegelt: Die State Capitols mit ihren Kuppeln und Säulenvorbauten wirken fast alle wie kleine Kopien des Kapitols in Washington. Erster Mann im Bundesstaat ist der Gouverneur, der allerdings schon lange kein Mann mehr sein muss. Bereits 1924, vier Jahre nach Einführung des Frauenwahlrechts, wurden in Wyoming und Texas Frauen an die Spitze gewählt. Die Hauptstädte der Bundesstaaten sind in der Regel nicht identisch mit den großen Metropolen. Gewählt wurden Orte, die zentral im Staat liegen, oft außer ihrer tragenden Rolle als Kapitale wenig zu bieten haben; z. B. wurde nicht New York gekürt, sondern Albany, nicht San Francisco, sondern Sacramento.

The Star-Spangled Banner

Seit 1931 ist »The Star-Spangled Banner« die offizielle Nationalhymne der Vereinigten Staaten von Amerika. In der Regel wird die erste Strophe des Textes gesungen, mit dem Francis Scott Key seine Freude über den Sieg der Amerikaner über die Briten im Britisch-Amerikanischen Krieg zum Ausdruck brachte. Die Melodie geht auf ein englisches Trinklied von John Stafford Smith zurück und wurde erst 1931 in einer verbindlichen Version festgelegt.

Die Verfassung

Was es bedeutet, wenn sich ein Bund selbstständiger Staaten eine Verfassung geben möchte, können wir in Europa derzeit erleben. Die Amerikaner waren zielstrebig: Am 25. Mai 1787 traten die Delegierten der 13 Staaten zusammen, am 17. September des Jahres war der Entwurf fertig. Bereits 1788 hatten elf Staaten unterzeichnet – damit galt die Verfassung als angenommen – 1790 folgten die beiden letzten Staaten.

Die amerikanische Verfassung, die älteste noch gültige der Welt, besteht aus einer Präambel und sieben Artikeln. Auf Wunsch einiger Staaten wurde sie um zehn Zusatzartikel ergänzt, die »Bill of Rights«, die 1791 ratifiziert wurde und die Grundrechte der Bevölkerung verankert. Die Zahl dieser »Amendments« ist bis heute nur auf 27 Artikel gewachsen. Zum Vergleich: Der Entwurf

Bürger zweiter Klasse?

Ausgerechnet die Bürgerinnen und Bürger, in deren Stadt der Präsident lebt, waren bis zum Jahr 1964 von den Präsidentschaftswahlen ausgeschlossen. Noch immer stellt Washington D. C. keine Senatoren und darf nur einen Abgeordneten ins House of Representatives schicken, der aber im Plenum nicht stimmberechtigt ist. Das Amt des Bürgermeisters und einen Magistrat gibt es erst seit 1974, der Kongress kann aber alle Entscheidungen der Stadtverwaltung mit seinem Veto zunichte machen.

Warum das so ist? Washington D. C. ist kein Staat, D. C. steht für »District of Columbia«. Versuche, dies zu ändern und Washington als »New Columbia« zum 51. Staat zu machen, scheiterten bislang. Und das hat verfassungsrechtliche und politische Gründe. Der mächtigste Mann in einem Bundesstaat ist der Gouverneur, der mächtigste Mann im Land der Präsident, der aber nicht Gouverneur in Personalunion sein darf. Wäre Washington nun ein Staat, gäbe es Probleme: Der Präsident würde in zivilrechtlichen Fragen dem Gouverneur unterstehen, obwohl er eigentlich über ihm steht. Eine Verfassungsänderung könnte das Problem lösen, dazu ist aber eine Zweidrittelmehrheit im Kongress nötig. Diese aber würden die Republikaner nicht mittragen. Die Bürgerinnen und Bürger Washingtons standen in allen Präsidentschaftswahlen auf Seiten der Demokraten, und die Republikaner haben wenig Interesse, im Senat zwei weitere Plätze zu schaffen, auf denen dann demokratische Abgeordnete sitzen würden.

9. August 1974: Richard Milhous Nixon, 37. Präsident der USA, verabschiedet sich nach seinem Rücktritt infolge der Watergate Affäre in einer Ansprache von den Mitarbeitern im Weißen Haus. Er entzog sich auf diese Weise dem Impeachment.

von 2003 für die »Verfassung der Europäischen Union« ist ein Konvolut von je nach Länderausgabe 340–500 Seiten, allein Teil 3 besteht aus 321 Bestimmungen.

Die amerikanische Verfassung hingegen beschränkt sich aufs Wesentliche und dazu gehört die Dreiteilung der Regierungsgewalt. Die Legislative übt der Kongress aus, der aus zwei Kammern besteht: Senat und Repräsentantenhaus. In Artikel 2 wird die exekutive Gewalt des Präsidenten festgelegt. Die höchste Instanz der Judikative liegt beim Obersten Gerichtshof (Artikel 3).

Jeder Bereich arbeitet unabhängig, ein System von »Checks and Balances« (Kontrollen und Ausgleichen) sorgt für die Stabilität der Gewaltenteilung. So kann der Präsident z. B. durch sein Veto Gesetzesvorschläge zu Fall bringen, die der Kongress zuvor beschlossen hatte. Der Oberste Gerichthof kann ebenso ein vom Kongress erlassenes Gesetz oder auch eine Direktive des Präsidenten für verfassungswidrig erklären. Und der Kongress ist in der Lage, sowohl Richter als auch den Präsidenten des Amtes zu entheben. Sie können allerdings nicht wie in der parlamentarischen Demokratie durch ein Misstrauensvotum gestürzt werden, sondern nur durch Anklage wegen Verfassungs- und Rechtsbruch (Impeachment).

Die Exekutive: der Präsident

Der Präsident wird am ersten Dienstag im November des Schaltjahrs gewählt und übernimmt die Amtsgeschäfte am 20. Januar des darauffolgenden Jahres. Sein Wohnsitz wird damit das Weiße Haus in Washington, das es seit dem Jahr 1800 gibt, als die aus dem Boden gestampfte Landeshauptstadt bezogen wurde, obwohl sie nur bedingt bezugsfertig war.

1814 brannten britische Truppen neben anderen Gebäuden auch das Weiße Haus nieder, nach Wiederaufbau und Erweiterungen erhielt es die Gestalt, die wir kennen und die einen festen Platz im Bilderbogen Amerikas einnimmt: Die Korrespondenten, die ihre Kommentare vor der Fassade des Hauses abgeben, der Präsident im Oval Office, Familie und Haustiere auf dem grünen Rasen.

Vier Jahre beträgt eine Legislaturperiode, maximal kann der Präsident die Räume für acht Jahre beziehen – ein Verfassungszusatz aus dem Jahr 1951 legt fest, dass er nur zwei Amtszeiten absolvieren darf.

Der Präsident ist gleichzeitig Staatsoberhaupt und Regierungschef mit beträchtlicher Macht innerhalb der Exekutive: Ohne Zustimmung des Kongresses kann er sogenannte Präsidialerlasse ausgeben, die für die Bundesbehörden bindende Gesetzeskraft haben. Als Oberbefehlshaber der Streitkräfte darf er die Nationalgarde auch in den Bundesstaaten einsetzen. In Kriegs- oder Krisenzeiten kann ihm der Kongress weitere Befugnisse

FBI

1908 durch Charles Joseph Bonaparte ins Leben gerufen, trägt die bundespolizeiliche Ermittlungsbehörde des Justizministeriums der Vereinigten Staaten seinen Namen »Federal Bureau of Investigation«, FBI, seit 1935. Zu den Aufgaben gehört die Wahrung von Recht und Gesetz sowie die Bekämpfung von Terrorismus, Gewalt- und Wirtschaftsverbrechen. J. Edgar Hoover, der die Behörde 36 Jahre als Direktor geleitet hatte, hatte deren Ruf nachhaltig beschädigt, als bekannt wurde, dass er das FBI für politische Zwecke instrumentalisiert hatte.

Streitkräfte und NATO

Im Hinblick auf das Personal sind die Streitkräfte der Vereinigten Staaten von Amerika (United States Armed Forces) das zweitgrößte Militär der Welt, das zur Verfügung gestellte Budget ist das größte, das ein Land weltweit ausgibt. Oberbefehlshaber ist der Präsident der Vereinigten Staaten, die demokratische Kontrolle liegt bei den beiden Kammern im Kongress. Teilstreitkräfte sind die United States Army (Heer), United States Air Force (Luftstreitkräfte), United States Navy (Marine), United States Marine Corps (Marine Infantrie) und die United States Coast Guard (Küstenwache). Das Department of Defense (Verteidigungsministerium) mit Sitz im Pentagon hat für die einzelnen Teilstreitkräfte Staatssekretäre mit Fachabteilungen.

Die USA sind Mitglied der NATO (North Atlantic Treaty Organization), in der sich europäische und nordamerikanische Staaten zu einem militärischen Bündnis zusammengeschlossen haben. Die NATO ist ein Defensivbündnis ohne Beistandspflicht der Mitglieder und dient der kollektiven Selbstverteidigung aller Mitgliedsstaaten und ihrer Werte. Die Leitung hat der NATO-Generalsekretär, oberstes Gremium ist der Nordatlantikrat in Brüssel, der operative Oberbefehl liegt immer bei einem US-amerikanischen General oder Admiral.

zugestehen. Er hat ein Vetorecht bei allen Gesetzesvorlagen des Kongresses und wirkt auch bei der personellen Besetzung so wichtiger Institutionen wie der Notenbank (Federal Reserve) mit. Zudem bestimmt er die Außenpolitik des Landes.

Zur Unterstützung seiner Arbeit stehen dem mächtigsten Mann im Staat der Vizepräsident, das Executive Office sowie diverse Ministerien und Behörden zur Verfügung, deren Leiter vom Präsidenten nominiert und vom Senat bestätigt werden.

Der Vizepräsident hat laut Verfassung keine spezielle Exekutivgewalt und nur soviel Macht und Handlungsspielraum, wie sein Chef ihm einräumt. John Adams, der erste, der dieses Amt innehatte, bezeichnete es als das »unbedeutendste, das die Menschen je erfunden haben«. Die vorrangige Aufgabe des Vizes besteht darin, die Amtgeschäfte fortzuführen, wenn der Präsident dazu nicht mehr in der Lage ist.

Die Legislative: der Kongress

Das politische Credo der Gründerväter lässt sich vom Stadtplan Washingtons ablesen: Die Entfernung zwischen dem Weißen Haus und dem Kapitol beträgt 2,5 km und das hat Symbolcharakter. Anders als in der parlamentarischen Demokratie, die dem Staatsoberhaupt Sitz und Stimmrecht im Parlament garantiert, hat der amerikanische Präsident keinen Sitz im Kongress, er ist diesem auch nicht verantwortlich und taucht nur selten im Kapitol auf. So federführend er in der Exekutive ist, in der Legislative sind ihm Grenzen gesetzt. Selbst sein Veto gegen eine Gesetzesvorlage kann der Kongress durch eine Zweidrittelmehrheit außer Kraft setzen, was allerdings in der Geschichte recht selten geschah.

Der Präsident darf keine Gesetze einbringen. Er hat zwar ein Vorschlagsrecht, aber wenn der Kongress nicht will, sind ihm die Hände gebunden. So wollten es die Gründerväter, in der Praxis sieht es heute allerdings so aus, dass der Präsident nicht zuletzt über die Möglichkeit der Beeinflussung der öffentlichen Meinung die Richtung der Gesetzgebung lenkt und viele Vorlagen, mit denen der Kongress sich befasst, auf Initiative der Exekutive ausgearbeitet werden.

Der Kongress besteht aus zwei Kammern: dem Senat und dem Repräsentantenhaus. In beiden Häusern sitzen vom Volk direkt gewählte Abgesandte der Bundesstaaten, die 100 Senatorinnen und Senatoren (je zwei pro Staat) vertreten die Interessen ihres Bundeslandes, die 435 Mitglieder des House of Representatives diejenigen ihres Wahlkreises. Die Sitze im Repräsentantenhaus werden entsprechend der Einwohnerzahl vergeben: Bevölkerungsreiche Staaten wie z. B. Kalifornien (53

Lobbys und Interessenvertreter

In Washington arbeiten mehr als 17.000 Lobbyisten, die die Interessen der Industrie, der Gewerkschaften und privater Organisationen vertreten. Sie haben mehr als 1,5 Mrd. Dollar hinter sich, die zum Großteil in den Kassen der Republikaner landen.

Sitze), Texas (32 Sitze) und New York (29 Sitze) senden mehr Abgeordnete nach Washington als dünn besiedelte Staaten wie z. B. Alaska und Vermont, die je nur durch einen Repräsentanten vertreten sind.

Die Legislaturperiode des Repräsentantenhauses beträgt zwei Jahre, die des Senats sechs Jahre. Dennoch variiert auch im Senat alle zwei Jahre die Zusammensetzung, weil die Amtsperiode von jeweils 33–34 Abgeordneten abläuft. Dieses gestaffelte Wahlsystem verhindert Verkrustungen: Ändert sich die politische Stimmung im Land, so weht der frische Wind auch ins Kapitol. Die Folge ist, dass ein Präsident, der mit einer satten Mehrheit in beiden Kammern antrat, nach zwei Jahren mit einer Opposition konfrontiert werden kann. Und das hat weitreichende Folgen: Der Kongress hat die Budgethoheit, er allein ist berechtigt, Kriegserklärungen auszusprechen, Verträge mit fremden Ländern zu unterzeichnen und Bundesgesetze zu erlassen.

Gesetzesvorlagen (bills) dürfen nur von Kongressabgeordneten eingebracht werden und sie können nur passieren, wenn sich in beiden Kammern eine Mehrheit findet. In Amerika gibt es keinen Fraktionszwang, Lösungen müssen überparteiisch gefunden werden. Das dauert und natürlich spielen dabei auch die Vertreter der Lobbys und – ähnlich wie in Deutschland – die Ausschüsse ihre Rolle.

Vorsitzender des Senats ist der Vizepräsident, der jedoch – außer in Pattsituationen – kein Stimmrecht hat; in Abwesenheit des Vizes benennt der Senat einen Vorsitzenden auf Zeit. Das Repräsentantenhaus wählt die oder den »Speaker of the House«.

Die Todesstrafe

Nachdem die Todesstrafe zehn Jahre lang verboten war, führten 36 Staaten sie nach dem Urteil des Supreme Court ab 1977 wieder ein. In den letzten 30 Jahren wurden 1099 Menschen hingerichtet, etwa dreimal so viele wurden zum Tode verurteilt und erwarten die Hinrichtung. Die meisten Todesurteile werden in den Südstaaten vollstreckt, führend ist Texas.

Die Judikative: der Supreme Court
Der Supreme Court, der oberste Gerichtshof der USA, ist der einzige Gerichtshof, der in der Verfassung vorgesehen ist. Seine Funktionen sind denen vergleichbar, die in Deutschland vom Bundesgerichtshof und dem Bundesverfassungsgericht erfüllt werden. Er ist die letzte Instanz im dreistufigen Gerichtssystem und prüft, ob Gesetze des Bundes wie der Staaten mit der Verfassung vereinbar sind. Da jeder der 50 Staaten seine eigene Verfassung und eigene Gesetze hat, kommt den für alle bindenden Entscheidungen des Supreme Court immense politische Bedeutung zu. So sorgte z. B. das »Brown vs. Board of Education«-Urteil von 1954 dafür, dass die Südstaaten gegen ihren heftigen Widerstand dazu gezwungen werden konnten, die Rassentrennung in den Schulen aufzugeben. Ebenfalls bedeutend war

»Equal Justice under Law« lautet die Inschrift über dem Gerichtsportal des Supreme Court in Washington.

die Entscheidung von 1973, die das Recht der Frauen auf Abtreibung festschreibt. Was die Todesstrafe betrifft, so sahen die Obersten Richter keinen Verfassungsbruch (1976)

Weltweit in die Schlagzeilen gelangte der Supreme Court im Jahr 2000 mit der Entscheidung im Fall George W. Bush vs. Al Gore: Das Gericht verhinderte eine Neuauszählung der Stimmen in Florida und erklärte Bush damit zum Wahlsieger.

Alle Bundesrichterinnen und -richter werden vom Präsidenten berufen und vom Senat bestätigt, sie dienen auf Lebenszeit – ohne Altersgrenze. Der Präsident hat damit ein wichtiges Machtmittel in der Hand und kann die Politik des Landes weit über seine Amtszeit hinaus bestimmen – wenn er das Glück hat, dass während seiner Regentschaft einer der neun Posten am Supreme Court frei wird. George W. Bush durfte zwei Richter berufen, darunter auch den Chief Justice, der als Vorsitzender besonders einflussreich ist. So ist der Supreme Court derzeit fest in Hand der Republikaner, nur eine Richterin und ein Richter stammen noch aus der Ära Clinton.

Die Präsidentschaftswahlen

Wer in den USA das höchste Amt im Staat anstrebt, muss nur zwei Voraussetzungen erfüllen: mindestens 35 Jahre alt und im Land geboren sein. Bereits ein hohes politisches Amt innegehabt zu haben – sei es als Vizepräsident, Gouverneur oder im Senat – ist von Vorteil. Auch Parteizugehörigkeit hilft, ist aber nicht Bedingung. Außerdem muss der Kandidat über Vermögen verfügen und/oder viele Mio. Dollar eintreiben, um den sündhaft teuren Wahlkampf zu finanzieren. Anders als in Deutschland erhalten die Parteien keinen Cent aus der Staatskasse. Das bedeutet aber auch, dass jemand, der als Großsponsor in einen Kandidaten investiert, erwarten wird, dass die Interessen seines Konzerns berücksichtigt werden, wenn dieser das Rennen gemacht hat.

Die Tatsache, dass jeder, der sich berufen fühlt, als Präsidentschaftskandidat antreten kann, macht den amerikanischen Wahlkampf so langwierig und kompliziert. Unabhängige Kandidaten treten auf und die Medien spekulieren schon zwei Jahre vor der Wahl, welcher Multimilliardär wohl noch als Aspirant erscheinen wird, und auch innerhalb der Parteien drängen diverse Persönlichkeiten nach vorne. Die Entscheidung, wen die Demokraten oder die Republikaner aufstellen, fällt nicht die Parteispitze, sondern die Basis und zwar in den sogenannten Vorwahlen. Die beginnen im Januar in Iowa und Tage später in New Hampshire. Die »Primaries« finden in geschlossener und offener Form statt: bei »Closed Primaries« dürfen nur registrierte Parteimitglieder ihre Stimme abgeben, bei den »Open Primaries« kann jeder Wahlberechtigte mitentscheiden.

Besonders den (offenen) Vorwahlen in New Hampshire kommt große Bedeutung zu: Wer dort gewinnt, hat gute Chancen, von seiner Partei nominiert zu werden. Anfang Februar wird's dann noch mal spannend: Bei den »Super Tuesday Primaries« wird in mehr als 20 Bundesstaaten abgestimmt, u. a. auch in den bevölkerungsreichen und damit besonders wichtigen Staaten Kalifornien und New York: Viele Kandidaten geben auf, weil es Ihnen an Zuspruch und damit auch an finanziellen Mitteln fehlt. Unabhängige können weiter im Rennen bleiben, haben aber in der Regel keine Chance, ihr Ziel zu erreichen.

Nachdem die Primaries abgeschlossen sind, finden Ende August, Anfang September die »National Conventions« statt, Parteitage der Demokraten und der Republikaner, bei denen Delegierte, die bei den Vorwahlen in den einzelnen Bundesstaaten ernannt wurden und sich verpflichtet haben, für einen bestimmten Kandidaten zu stimmen, festlegen, wen die jeweilige Partei ins Rennen schickt. Es sind immer nur diese beiden Parteien, die sich den Kuchen teilen: die liberalen Demokraten und die konservativen Republikaner.

Drei Kandidaten schickten die Demokraten für die Präsidentschaftswahl 2008 ins Rennen (von links): John Edwards, Hillary Clinton und Barack Obama.

Im Wahlkampf, der mit großem Tamtam, tanzenden und singenden Cheer Leaders und unter Einsatz der ganzen Familie der Aspiranten stattfindet, konzentrieren sich die Kandidaten nur auf ganz bestimmte Staaten, die sogenannten »Swing States«. Also Staaten, in denen sich keine klare Mehrheit für die eine oder andere Partei abzeichnet. Und das wiederum liegt am amerikanischen Wahlsystem, dessen Motto lautet: »The winner takes it all«. Sprich, der Sieger in einem Staat bekommt alle Wahlmänner zugesprochen. Denn die Bürgerinnen und Bürger wählen den Präsidenten nicht direkt, sie geben ihre Stimme den sogenannten Elektoren, die ihrerseits den Präsidenten bestimmen. Die Zahl der Wahlmänner und -frauen bemisst sich nach der Einwohnerzahl der Staaten und ist identisch mit der Anzahl der Senatoren und Repräsentanten, die im Kongress sitzen, plus drei Elektoren aus Washington D. C., insgesamt also 538.

Dieses indirekte Wahlsystem führt zu ganz seltsamen Schieflagen: So ist es schon mehrmals in der Geschichte der USA vorgekommen, dass ein Kandidat zwar die meisten Wählerstimmen im Land erhielt, aber nicht die Mehrheit der Elektorenstimmen und somit – völlig legal und unanfechtbar – ein Verlierer zum Sieger gekürt wurde.

Bildung – der Elementarbereich: Public Schools
Jedes Kind, auch das mit Behinderungen oder Lernschwierigkeiten, hat ein Recht auf eine kostenlose Erziehung vom Kindergarten bis zur 12. Klasse, die durch die Public Schools gewährleistet wird. »Kindergarden, Grade or Elementary School, Highschool« – so sieht der »Schulweg« eines amerikanischen Kindes aus. Ganztagsbetrieb ist selbstverständlich, im Landesdurchschnitt betreut eine Lehrkraft 15,8 Schülerinnen und Schüler.

Doch der Teufel steckt im Detail. Die Schulen, ebenso wie die Bibliotheken, die öffentlichen Parks und Grünflächen, Müllabfuhr, Feuerwehr, Polizei etc. werden durch die Kommunalsteuern finanziert, die durch jede Gemeinde selbst festlegt werden. Diese Abgaben sind dort, wo die herrlichen Häuser auf weiten Grünflächen stehen, hoch bis sehr hoch. So sind Steuern letztlich das Regulativ, das dafür sorgt, dass Wohnviertel oder Gemeinden homogen von Menschen derselben Einkommensschicht und – in der Unterklasse – derselben Hautfarbe bewohnt werden. Eine Gemeinde, die viel einnimmt, kann sich gute Lehrer leisten, die Schulen mit allem nötigen Lernmaterial ausstatten, eine arme Gemeinde kann das nicht. Das wirkt sich natürlich auf die Chancengleichheit aus.

Die besten Startbedingungen haben die Kinder, die auf eine Privatschule geschickt werden, das sind 12 % der Schülerinnen und Schüler. Einige dieser Schulen sind regelrechte Kaderschmieden, die den Nachwuchs der Reichen und Einflussreichen auf die Aufnahme in eine der Eliteuniversitäten vorbereiten. Wobei man ausdrücklich dazusagen muss, dass gerade die besten Hochschulen des Landes ihre Studentinnen und Studenten weder nach dem Einkommen der Eltern noch ausschließlich nach den Schulleistungen auswählen. Interessen, Begabungen und die Gesamtpersönlichkeit fallen ebenso in die Waagschale, und Begabte, die sich die Studiengebühren nicht leisten können, erhalten Stipendien.

Der Sekundarbereich: die weiterführende Bildung

Ob eine Hochschule College oder University heißt, sagt nichts über ihren akademischen Standard aus. Den prägt und bestimmt der Ruf und der Name der Schule. Es gibt magische Namen, die im Berufsleben Tür und Tor öffnen, wie Harvard und MIT in Cambridge, Massachusetts; Yale in New Haven, Connecticut; Princeton in Princeton, New Jersey, und Stanford in Stanford, Kalifornien.

Die Übereinstimmung der beiden Orts- mit den Schulnamen zeigt, dass diese Lernorte Welten für sich sind. In diesen kleinen Festungen wohnen und arbeiten die Studentinnen und Studenten und finden dort alles, was sie zum Leben brauchen: Sportanlagen, Theater, Bibliotheken, von denen einige zu den besten des Landes zählen, hervorragende Kunstsammlungen und beste akademische Betreuung. Hochqualifizierte Professoren und anderes Lehrpersonal, das sich intensiv um jeden Einzelnen kümmert. Bibliotheken, die bis in die Nacht geöffnet sind, nach dem modernsten Standard ausgestattete Labors. Zudem bieten diese Top-Universitäten auch noch den Service der Jobvermittlung: Große Firmen oder Rechtsanwaltskanzleien werden vorstellig, wenn sie Nachwuchs suchen.

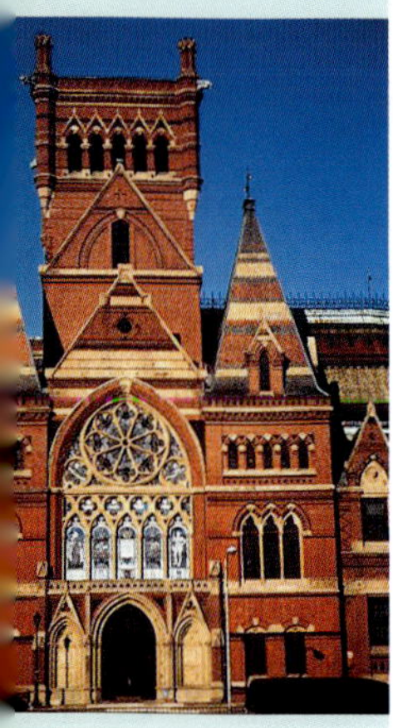

Harvard University wurde 1636 bei Boston gegründet und vergab bereits 1643 die ersten Stipendien.

Davon können deutsche Studierende nur träumen und es ist kein Wunder, dass auch hierzulande der Wunsch nach sogenannten Eliteuniversitäten laut wird. Nur: Das alles kostet sehr viel Geld, und das kommt in Amerika nicht vom Staat oder vom Bund. Wie Kirchen sind zwar auch Schulen in den USA von der Steuerpflicht befreit. Ansonsten ist eine Privatuniversität aber ein Wirtschaftsunternehmen und als solches arbeitet und rechnet es auch. Die Studiengebühren in Harvard z. B. betragen für ein Jahr mehr als 33.000 Dollar, plus rund 1000 Dollar für Unterkunft und Verpflegung. In ähnlicher Höhe bewegen sich auch die Preise in den anderen Top-Universitäten. Weniger bekannte Schulen sind billiger, umsonst ist weiterführende Bildung nirgends in den USA. Allerdings gibt es eine Reihe von State Universi-

Graduation Day: Universitätsabsolventen bei der Verleihung der Diplome in Robe und mit traditioneller Kopfbedeckung.

ties, die Mittel vom jeweiligen Bundesstaat erhalten und nur etwa ein Zehntel der Gebühren verlangen, die man in den Eliteuniversitäten zahlt. Und: Es gibt Stipendien und Kredite für Studenten, die nach dem Studium zurückzuzahlen sind.

Es wäre also falsch zu behaupten, höhere Bildung hinge allein vom Geldbeutel ab. Hier, an der Spitze der Bildungspyramide, herrscht Chancengleichheit. Aber das System sorgt dafür, dass Kinder aus armen Vierteln es sehr schwer haben, diese Spitze zu erreichen, weil sie in den dort schlecht ausgerüsteten Public Schools zu wenig gefördert werden.

Die Association of American Universities (AAU)
Die AAU wurde 1900 zunächst gegründet, um das internationale Ansehen von Forschung und Wissenschaft in den USA zu fördern. Schon bald wurden auch zwei kanadische Universitäten in den Verbund von derzeit 62 Universitäten aufgenommen, die sich durch ihr außergewöhnliches Engagement im Bereich der Forschung auszeichnen. Die Bildungspolitik und die Konzeption von Bildungs- und Forschungsrichtlinien sind Aufgabenschwerpunkt der Organisation, die sich durch ein strenges und langwieriges Aufnahmeverfahren auszeichnet und zu deren renommierten Mitgliedern 34 staatliche (u. a. Ann Arbour, University of California, Berkely und Los Angeles, Pennsylvania State University) und 26 private (u. a. Massachusetts Institute of Technology, Yale University, Cornell University) Universitäten gehören.

Schon in der Verfassung der Vereinigten Staaten gibt es einen Paragraphen, der dem Kongress die Befugnis erteilt, »den Fortschritt der Wissenschaft und nützlicher Künste zu fördern, indem Urhebern und Erfindern für eine begrenzte Zeit das Exklusivrecht auf ihre jeweiligen Schriften und Entdeckungen zugesichert wird«. Er bildet die Grundlage für das Patent- und Warenzeichensystem der Vereinigten Staaten und bringt den Wunsch der Regierung zum Ausdruck, die Wissenschaften zu fördern. Im 19. Jh. kam es zu einer Reihe bedeutender Erfindungen (s. S. 60), und das 20. Jh. brachte vor allem in seiner zweiten Hälfte zahlreiche Nobelpreise für Naturwissenschaftler.

Die Eroberung des Weltraums

Nicht selten wird wissenschaftliche Forschung von militärischen Erwägungen vorangetrieben. So ist etwa die NASA (National Aeronautics and Space Administration) zwar eine zivile US-Bundesbehörde für Luft- und Raumfahrt, jedoch auch für militärische Grundlagenforschung zuständig. 1958 gegründet, ist sie ein Kind des Kalten Krieges. Die beiden Supermächte USA und Sowjetunion verlagerten ihr Schlachtfeld in den Weltraum. Als die UdSSR 1957 mit Sputnik den ersten Satelliten in die Erdumlaufbahn schickten, und mit Jurij Gagarin 1961 den ersten Menschen, wurde die Forschung intensiviert, und es gelang den Vereinigten Staaten am 20. Juli 1969, mit

Der zweite Mann auf dem Mond: Edwin E. Aldrin neben der US-Flagge.

Apollo 11 auf dem Mond zu landen. Einen Tag später sprach Neil A. Armstrong, der erste Mensch auf dem Mond, den berühmten Satz: »Ein kleiner Schritt für einen Menschen, aber ein großer für die Menschheit« und die Welt lauschte gebannt seinen Worten.

Die Erkundung des Mondes steht heutzutage nicht mehr im Zentrum der Weltraumforschung. Längst befasst man sich mit der Idee, Expeditionen zum Mars zu schicken. Dennoch hat die Weltraumforschung einige Neuerungen gebracht, die das Leben auf der Erde revolutionierten: Ohne die Satellitentechnik wären GPS, verlässliche Wettervorhersagen oder mobiles Telefonieren kaum denkbar, und auch die Entwicklung von Quarzdigitaluhren, Taschenrechnern, hitzebeständigen Metalllegierungen oder unbrennbaren Textilien wurden durch die Weltraumforschung vorangetrieben.

Silicon Valley

Unabhängig von militärischen Einflüssen waren die wirtschaftlich erfolgreichen Forschungen, die südlich von San Francisco zwischen San Mateo und San José im sogenannten Silicon Valley (»Silicium-Tal«) durchgeführt wurden. Ihren Namen verdankt die Region der Tatsache, dass sich hier ein Zentrum der Halbleiter- und Computerindustrie angesiedelt hatte. Den Grundstein dafür legte der damalige Dekan der Stanford University, Frederick Terman, mit seiner Idee, auf dem ungenutzten Land der Universität Firmen anzusiedeln, um die Absolventen und ihr Know-how an die Region zu binden und ihnen dafür Kapital zur Verfügung zu stellen. William Hewlett und David Packard kamen 1938 als Erste in den Genuss der Förderung und wussten das Konzept erfolgreich umzusetzen. Ihre Elektronikfirma Hewlett-Packard wuchs während des Zweiten Weltkriegs von einer kleinen Garagenfirma zu einem erfolgreichen Unternehmen heran. 1951 wurde der Stanford Industrial Park geschaffen, das Förderprogramm erweitert und Immobilien zu geringen Mieten Technologieunternehmen zur Verfügung gestellt. Später erlaubte das Honors Cooperative Program den Angestellten, einen Teil ihrer Arbeitszeit für das Studium an der Universität aufzuwenden. Das Konzept ging auf und die Idee von einem Forschungs- und Industriegebiet realisierte sich. Mitarbeiter von Elektro-

Die Firmenzentrale des Software- und Datenbankherstellers Oracle in Redwood City, Silicon Valley

unternehmen machten sich ebenso wie Universitätsabsolventen mit eigenen Ideen selbstständig und begründeten zahlreiche mittlerweile weltweit agierende Unternehmen wie 3Com, Adobe Systems, Apple Computers, Cisco, Google, Hewlett-Packard, Texas Instruments oder Yahoo. Lange Zeit sahen sich die Unternehmen im Tal der Kritik ausgesetzt, einer der größten Umweltverschmutzer des Landes zu sein, mittlerweile jedoch ändert sich auch dies: Die einstigen Energiefresser haben ihren Verbrauch drastisch verringert, neue und alternative Klimatechnologien werden entwickelt, Tech-Startups erforschen innovative Umwelttechnologien und es finden sich ausreichend Investoren, die ihr Kapital in die Projekte fließen lassen. Die Idee von Technologieparks nach dem Vorbild von Silicon Valley wurde in verschiedenen Ländern weltweit übernommen.

Das Gesundheitssystem

Das Gesundheitssystem ist ein Dauerbrenner in jedem Wahlkampf. Dabei hatte Bill Clinton, als er am 22. September 1993 sein Amt antrat, den festen Plan, die Misere des amerikanischen Gesundheitswesens ein für alle Mal zu beenden. Das Konzept dazu stammte zu großen Teilen von seiner Frau Hillary. Mit einer kleinen Plastikkarte stand der Präsident vor dem Kongress und verkündete: »Mit dieser Karte werden Sie nie ohne Versicherungsschutz sein, gleich, wo Sie arbeiten, wie krank oder alt Sie sind.«

Das war am 22. September 1993. 2002 waren noch immer 40 Mio. Amerikaner ohne Versicherung, 2007 hatte sich deren Zahl um 7 Mio. erhöht. Sprich: Jeder sechste Bürger des Landes muss im Krankheitsfall

Sport ist ein wesentlicher Bestandteil des amerikanischen Schulsystems. 2003 waren 58 % der Jungen und 51 % der Mädchen an Highschools in einer Schulsport-Mannschaft. Doch nicht nur die sozialen Aspekte oder die Benotung sind es, die zur Leistung anstacheln, sondern auch die Aussicht auf eines der begrenzt vergebenen Stipendien – die Universitäten haben strenge Grenzen bezüglich des Gesamtbetrags, den sie jedes Jahr in Form von Stipendien ausgeben. Jährlich werden Stipendien im Wert von ungefähr einer Milliarde Dollar im Rahmen der National Collegiate Athletic Association (NCAA) vergeben, mehr als 126.000 Studenten haben entweder ein Teil- oder vollständiges Sportstipendium. Diese reichen von ein paar Tausend bis zu 30.000 Dollar für ein akademisches Jahr, decken aber nicht zwangsläufig alle Kosten für Studiengebühren und Lebenshaltung. Für Hochschulen gibt es eigene Sportligen wie etwa die Ivy-League.

Beliebte Mannschaftssportarten sind American Football, Baseball, Basketball oder Eishockey, bei den Individualsportarten sind Bowling, Boxen, Eiskunstlauf, Golf, Leichtathletik, Schwimmen, Surfen, Tennis und Wrestling populär. Die Zahl der US-Amerikaner, die regelmäßig Sport treiben, liegt lt. Statistik deutlich über 30 %. Eine eigene Behörde, The President's Council on Physical Fitness and Sports (PCPFS), bemüht sich um die Verbreitung aktiver sportlicher Betätigung und wurde von Präsident Bush damit betraut, die Inhalte seiner Fitness Agenda aus dem Jahr 2002 zu vermitteln. Auch passiv nehmen die US-Amerikaner gerne am Sportgeschehen teil. Der »Konsum« sportlicher Ereignisse ist ein beachtlicher Faktor für Wirtschaft und Berichterstattung.

sämtliche Kosten aus eigener Tasche bezahlen. Dazu kommen noch etwa 20–30 Mio. Unterversicherte, v. a. Angehörige der Mittelschicht, die einen Vertrag mit hoher Selbstbeteiligung abgeschlossen haben und bei längerer Erkrankung dem finanziellen Ruin entgegensehen. Insgesamt also hat ein Viertel der Amerikaner gar keinen oder keinen ausreichenden Schutz im Krankheitsfall.

Großvater und Enkel beim Baseball-Training.

Die ehrgeizigen Pläne Clintons wurden nicht realisiert. Es gab Widerstand in den Reihen der eigenen Partei. Widerstand der oppositionellen Republikaner. Widerstand der Versicherungen und der Unternehmen, die einen Großteil der Krankenversicherungskosten ihrer Beschäftigten hätten tragen müssen. Und: Eine 300 Mio. Dollar teure Kampagne der Pharmaindustrie, deren Einfluss Clinton beschränken wollte. Die Werbeleute führten den Feldzug, indem sie uramerikanische Ängste und Ressentiments schürten und die Reform der Clintons als sozialistisches Machwerk verteufelten.

Das alles zeigte Wirkung. Amerikaner hegen ein tiefes Misstrauen gegen Programme, die von der Regierung in Washington ausgehen und alles, was nach »Sozialismus« klingt, fürchten sie offenbar noch mehr als Krankheit und Tod: 1993 hatten sich noch 71 % der Bevölkerung für Clintons Reformvorschläge ausgesprochen, ein Jahr später waren es nur noch 33 %.

Damit war die Sache vom Tisch, die allgemeine gesetzliche Krankenversicherung Makulatur. Es gibt zwar, wie in Deutschland, private Krankenversicherungen, die aber sehr teuer sind. Wer sich das leisten kann, wird exzellent versorgt, der medizinische Standard in den USA ist hoch. Wer ein Haus abzuzahlen hat, die Kinder aufs College schicken will, also der Mittelschicht angehört, kann die horrenden Beiträge nicht zahlen, ebenso wenig wie junge Leute, die sich nach dem Abschluss der Schule ihr Leben aufbauen. Einen Arbeitsplatz zu haben bedeutet nicht, Versicherungsschutz zu genießen: Nur große Firmen können die Gruppentarife der Versicherungsanbieter ausnützen und ihren Angestellten eine halbwegs bezahlbare Krankenversicherung anbieten. Kleine und mittelständische Firmen haben diese Möglichkeit nicht.

Werbetafeln für eine MinuteClinic. Bei kleineren Beschwerden versprechen sie schnelle, unkomplizierte Hilfe für wenig Geld.

Eine Alternative zu privaten Versicherungen sind die sogenannten Health Maintenance Organisations (HMOs), ursprünglich gemeinnützige Organisationen, die den Mitgliedern für einen festen Beitrag Behandlung bei Vertragsärzten und kooperierenden Krankenhäusern anbieten. Dieses System ist allerdings in Verruf geraten, seit sich immer mehr gewinnorientierte Gesellschaften auf dem Markt der »Managed Care« tummeln, denen es nur um Kosteneinsparungen und nicht ums Wohl des Patienten geht. »Da der Stift des Arztes als teuerstes medizinisches Instrument gilt, versucht Managed Care die Inanspruchnahme medizinischer Leistungen zu reduzieren, indem sie das Verhalten der Ärzte steuert. ... Statt Einzelleistungsvergütung erhalten die Ärzte eine jährliche Summe pro Patient, wodurch der Anreiz für unnötige Behandlungen wegfällt. Patienten wird entweder ein Primärarzt zugeteilt, oder sie wählen einen solchen aus einer Liste. ... Ärzte, die den Zielen des Versicherers zuwiderhandeln, können von der Tätigkeit für die Versicherung ausgeschlossen werden. In der Vergangenheit hatten sich Versicherungen sogenannter Knebelklauseln bedient, nach denen es Ärzten verboten war, ihre Patienten über medizinische Alternativen aufzuklären; dies ist inzwischen gesetzlich verboten worden.« (William G. Sayres, Gesundheitswesen der USA: Reformen bleiben Flickwerk, Deutsches Ärzteblatt 1999).

80 % der Versicherten werden heute über Managed Care behandelt – ohne freie Arztwahl und umfassende Aufklärung. 47 Mio. Amerikaner sind nicht versichert,

37 Mio. davon leben unterhalb der Armutsgrenze und gehören zu jenen, die das 1965 ins Leben gerufene Programm Medicaid in Anspruch nehmen können, das von der Bundesregierung und den Bundesstaaten finanziert wird und die medizinische Grundversorgung armer Menschen sicherstellen soll. Die Bedingungen, die Leistungsempfänger erfüllen müssen und die Leistungen, die sie erhalten, variieren erheblich von Bundesstaat zu Bundesstaat. Das Programm ist in der Regel als Hilfe im Notfall gedacht. Reguläre, langfristige medizinische Betreuung ist nicht abgedeckt. Das zweite Sozialprogramm heißt Medicare. In seinem Rahmen werden ein Teil der Arztrechnungen bezahlt, die bei über 65jährigen oder Menschen mit Behinderungen anfallen. Auch bedürftige Familien mit Kindern haben Anspruch auf Unterstützung.

Unversicherte Amerikaner haben noch ein Recht: Sie dürfen nicht abgewiesen werden, wenn sie die Notaufnahme eines Krankenhauses betreten. Die Folge ist, dass diese für den Notfall eingerichteten Stationen aus allen Nähten platzen, weil Menschen mit Gesundheitsbeschwerden aller Art vorstellig werden. Umsonst ist die Behandlung hier auch nicht, aber wer nicht zahlen kann, zahlt nicht und so mussten Kliniken in sozialen Brennpunkten aus Kostengründen schon schließen.

Einige Staaten wie das progressive Massachusetts haben zur Selbsthilfe gegriffen und die Gesundheitsvorsorge im Rahmen ihrer Grenzen geregelt. Alle anderen warten, dass das Land mit dem teuersten Gesundheitswesen der Welt seine Bürger angemessen versorgt.

Das teuerste Gesundheitssystem der Welt

Die USA leisten sich das teuerste Gesundheitswesen der Welt und geben prozentual einen größeren Teil ihres Bruttosozialprodukts dafür aus als Deutschland oder andere OECD-Staaten. Dennoch haben rund ein Viertel der Amerikaner keinen oder keinen ausreichenden Schutz im Krankheitsfall. Besonders betroffen ist die Mittelschicht. Eine schwere Erkrankung kann zum finanziellen Ruin führen.

> »Ich hielt die Amerikaner für scheinheilig. Ich glaubte, wenn sie ›Gott‹ sagen, so meinen sie ›Baumwolle‹. Nein. Wenn sie ›Gott‹ sagen, so meinen sie ›Gott‹. Das Wunder ist nur, dass immer wieder Baumwolle daraus wird.« Max Scheler (1874–1928)

Religion

Man stelle sich vor: In Bayern findet eine Wahlveranstaltung der CSU statt. Der Landesvater steht vor vollem Haus und laufenden Kameras auf der Bühne und plötzlich läutet sein Handy. Der Anrufer ist niemand anderer als Gott. Und Gott hat auch noch eine Botschaft – dass er auf Seiten der CSU stehe.

Eine solche Szene spielte sich bei einer Veranstaltung im Wahlkampf der Republikaner 2004 wirklich ab. Der Angerufene war Mike Huckabee, Gouverneur von Arkansas. Drei Minuten dauerte seine »Zwiesprache« mit dem Allmächtigen und sie gipfelte in den Worten: »Wir stehen hinter ihm (gemeint war G. W. Bush), ja, Herr, das tun wir ganz sicher. Ja, Herr, wir wissen, dass du bei Wahlen keine Stellung beziehst. Aber wenn du es tätest, denken wir schon, dass du zu uns halten würdest, Lord, das tun wir wirklich.«

George W. Bush gewann diese Wahl. Zwar nicht durch Gottes Eingreifen, aber durch die Unterstützung der rechten Evangelisten, die seit 30 Jahren daran arbeiten, Gesellschaft und Politik in ihrem Sinn zu beeinflussen und in dem wiedergeborenen Christen Bush ein williges Instrument fanden. So ganz hat er die Erwartungen seiner fundamentalistischen Anhänger aber doch nicht erfüllt, denn zwei wichtige Ziele der Rechten wurden in seinen Amtszeiten nicht erreicht: das Verbot der Abtreibung und das der Ehe gleichgeschlechtlicher Partner, die zwar in einem Dutzend Staaten ausdrücklich untersagt, in Massachusetts aber erlaubt ist.

God's own country

Wie präsent Gott in allen Lebensbereichen und in der Sprache ist – das »God bless you« gehört ins Vokabular aller Politiker –, wie oft und in welchen Situationen öffentlich gebetet oder zum Beten aufgerufen wird, wirkt auf Europäer befremdlich. Es ist aber Ausdruck dessen, was Statistiken, die verschiedene Parameter wie Kirchenmitgliedschaften und Anzahl der Gottesdienstbesuche anlegen, beweisen: Amerika ist unter allen westlichen Industriestaaten das »religiöseste« Land.

70 % der Menschen sagen, dass Glaube in ihrem Leben eine wichtige Rolle spielt. In etwa der Hälfte der Bundesstaaten ist es Gesetz, dass die Kinder zu Beginn des Unterrichts den Fahneneid sprechen. In dem seit 1954 der Zusatz »a nation under God« verzeichnet ist. Als ein Vater in Kalifornien dagegen klagte und 2002 vor dem U.S. Court of Appeals for the Ninth District auch Recht bekam, schlugen die Wogen der Empörung hoch. Im Kongress wurden laufende Sitzungen unterbrochen und konservative Politiker versammelten sich vor dem Kapitol und sangen »God bless America«. Die Familie des Klägers sah sich heftigen Anwürfen und Drohungen ausgesetzt und dass der Vater es für nötig befand, im Fernsehen zu betonen, er sei ein guter Patriot, eben nur kein religiöser, wirft ein bezeichnendes Bild auf das Selbstverständnis der Nation.

Das Urteil der kalifornischen Richter gründet auf dem höchsten politischen Gut der USA: der Verfassung. Die garantiert freie Religionsausübung und legt die Trennung von Kirche und Staat fest: In den Public Schools findet kein Religionsunterricht statt, jede religiöse Gemeinschaft finanziert sich selbst durch Spenden ihrer Mitglieder. Dass der Staat Kirchensteuern eintreibt und Religionslehrer bezahlt wie in Deutschland, stößt wiederum in Amerika auf großes Befremden.

Die Trennung von Kirche und Staat wurde durch den ersten Verfassungszusatz geregelt: »Der Kongress darf kein Gesetz erlassen, das die Einführung einer Staatsreligion zum Gegenstand hat oder die freie Religionsausübung verbietet.«

Das bunte Mosaik der Glaubensgemeinschaften
Die Aussicht auf Religionsfreiheit lockte Millionen von Migranten ins Land, die in Europa wegen ihres Glaubens verfolgt wurden: britische Puritaner und Katholiken, Quäker, Mennoniten, Hutterer, Shaker, Juden. Und auch wenn sich die Religionsgemeinschaften oft ihrerseits nicht immer tolerant gegenüber Andersdenkenden zeigten (s. S. 28f.) – das Land ist groß und jeder fand und findet seinen Platz und kann auf seine Weise selig werden.

Die Einwanderungsgesetze sorgten dafür, dass bis in die zweite Hälfte des 20. Jh.s überwiegend Europäer ins Land kamen (s. S. 123f.). Seit 1965 ist das anders und so wächst auch die Zahl der Buddhisten, Hindus und Muslime, wobei Letztere starken Zulauf durch übergetretene Afro-Amerikaner erfahren. Die Black Muslims organisierten sich schon in der Bürgerrechtsbewegung unter ihrem Führer Malcolm X landesweit und attackierten die Politik des gewaltlosen Widerstands, den der schwarze Baptistenpfarrer Martin Luther King predigte.

Heute leben in den USA mehr als 100 Mio. Protestanten, rund 67 Mio. Katholiken und rund 6 Mio. Juden. Der Islam verzeichnet ebenfalls rund 6 Mio. Anhänger. Prozentual stellt sich das folgendermaßen dar: rund 85 % Christen, fast 2 % Juden, rund 1,5 % Muslime, fast 1 % Buddhisten. Etwas mehr als 9 % der Amerikanerinnen und Amerikaner gehören keiner Religion an, etwas mehr als 2 % kleineren Religionsgemeinschaften.

Mit dem in Deutschland üblichen Denken »hier Katholiken, dort Protestanten« kommt man in Amerika nicht weit. Die aus der Reformation hervorgegangenen Gemeinschaften bilden Aberdutzende von Gruppen. Da gibt es z. B. die Baptisten, die Methodisten, die Episkopalen, die apostolischen und die evangelikalen Lutheraner, die Presbyterianer, die Pfingstkirchen, die alle wieder in Untergruppen zerfallen – insgesamt existieren in den USA etwa 250 größere und viele Hundert kleinere Glaubensgemeinschaften.

In New York beträgt der Anteil jüdischer Einwohner etwa 20%.

Relativ geschlossen treten die Katholiken auf, fast 66 Mio. bekennen sich zur römisch-katholischen Kirche. Die Zahl der Papsttreuen nahm in den letzten Jahrzehnten durch die legal und illegal Zugewanderten aus Mittel und Südamerika stark zu, aber in den obersten Etagen der Macht sind sie noch immer unterrepräsentiert. So gab es z. B. in der langen Geschichte des Landes nur einen einzigen Präsidenten, der katholisch war: John F. Kennedy. Laut seines Biografen Arthur M. Schlesinger war Kennedy vor der Wahl »unweigerlich niedergeschlagen (...), wenn er daran dachte, dass ihm seine Konfession vorenthalten könne, was er aufgrund seiner Begabungen und Anstrengungen verdient zu haben glaubte.« Doch Kennedy wurde Präsident.

Religionen made in USA

Neben vielen schwärmerischen Bewegungen wie z. B. dem New Age Movement, das seit den 1990er Jahren v. a. in Nordkalifornien esoterische Blüten treibt, entstanden in den USA zwei Religionen von weltweiter Bedeutung: die von der Endzeitstimmung in der ersten Hälfte des 19. Jh.s inspirierte Church of Jesus Christ of Latter-day Saints (Mormonen) und die vom kapitalistischen Gewinnstreben Mitte des 20. Jh.s geprägte Church of Scientology (Scientologen).

Die Mormonen verdanken ihre Existenz dem Engel Moroni. Oder besser gesagt dem Bauernsohn Joseph Smith aus Vermont, der 1827 eine Erleuchtung hatte: Im Traum erschien ihm jener Engel und wies ihm den Weg zu vergrabenen Schriftstücken. Das Buch Mormon war entdeckt, ein amerikanisiertes Evangelium, das – so die Mormonen – von einem vergessenen Stamme Israels, den Lamaniten, vor 2000 Jahren in die Neue Welt gebracht worden war.

1830 machte Smith diese Texte publik und gründete eine neue Glaubensgemeinschaft, die Kirche Jesu Christi der Heiligen der letzten Tage. Er fand schnell Anhänger, trotz der vielen Verbote, die er seinen Mitgliedern auferlegte: kein Alkohol, kein Koffein, kein Nikotin – kurz, keine Drogen. Dafür war Polygamie erlaubt. Und in der Prophezeiung hieß es, dass Gott nach dem bald eintreffenden Ende des irdischen Seins sein Reich in Amerika errichten werde.

Die Mormonen zogen nach Westen und gründeten 1847 am Fuß der Wasatch Mountains ihre Kolonie mit dem Zentrum Salt Lake City. Da Joseph Smith behauptete, die Indianer stammten direkt von den Lamaniten ab, bauten die Mormonen ein respektvolles und friedliches Verhältnis zu den Stämmen der Region auf.

Das Reich der Heiligen der letzen Tage war anfangs eine reine Theokratie. Als Utah 1896 Bundesstaat der USA wurde, mussten die Mormonen sich der Verfassung beugen und auch die Polygamie wurde verboten. Wenn nun auch demokratisch gewählt, so bestimmen die Mormonen bis heute Politik und Sitten im Staat Utah.

Die zweite »Religion made in USA«, die in den 1950er Jahren von L. Ron Hubbard gegründete Church of Scientology, soll hier nur kurz und unter dem Aspekt der Glaubensfreiheit in Amerika betrachtet werden. Ob Scientology eine Religion ist, darf bezweifelt werden. Hubbard formulierte zwar einige transzendente Aspekte, vorrangig geht es ihm aber darum, durch bestimmte Psychotechniken das körperliche und seelische Wohlbefinden des Einzelnen zu verbessern und ihn dadurch auch zum finanziellen Gewinner zu machen.

Nach deutscher Definition ist Scientology eine Sekte und wird vom Verfassungsschutz beobachtet. »Scientology ist eine technische Ideologie zur Herrschaft über den einzelnen Menschen und die ganze Gesellschaft. Seine Lehre und Technik zur Manipulation menschlichen Verhaltens nannte Hubbard selbst eine ‚Ingenieur-Wissenschaft'« ist in einem Handbuch des bayerischen Innenministeriums von 2004 zu lesen.

In Amerika sieht man das ganz anders: Wenn die Scientologen negative Schlagzeilen in Deutschland erhalten, kommen von offizieller Seite rügende Worte.

Born again

George W. Bush hatte nach eigener Aussage 1985 ein religiöses Erweckungserlebnis. Er ist nicht der erste Präsident, der bekennender wiedergeborener Christ ist – und nur einer von Millionen amerikanischer Christen aller Ethnien und Schichten, die dieser Bewegung angehören.

Wer sich als wiedergeborener Christ bezeichnet, bekennt sich damit nicht zu einer bestimmten Kirche, die Massenprediger aus den Reihen der rechten Evangelisten nehmen jede christliche Seele, gleich ob katholisch oder protestantisch. »Born again« ist vielmehr ein Bekenntnis zu moralischen Werten, die angeblich christlich sind und einem simplen Weltbild folgen: Satan ist überall präsent und für das Elend auf Erden verantwortlich. Die Bibel wird wörtlich ausgelegt und bietet Antworten auf alle Fragen bis hin zur Erschaffung der Welt, die in sechs Tagen vor sich ging (Kreationismus oder Intelligent Design). Die Prediger bedienen sich martialischer Sprache, führen einen »Kulturkampf« (James Dobson), rufen zu »Kreuzzügen« auf.

Billy Graham trat nach seinem Auftritt 2005 in New York vor 60.000 Gläubigen von der Bühne ab, nachdem er auf 416 »Kreuzzügen« 3.198.522 Menschen zu Jesus

Pennsylvania Dutch Country – Leben wie vor Hunderten von Jahren

Das Land der ist flach, begrenzt von einer sanften Erhebung im Westen, den Ausläufern der Appalachen. Die Böden hier gehören zu den besten der USA – fruchtbar, gut zu bearbeiten. Im Frühjahr dunkle Erde, so weit das Auge reicht, im Sommer ein nicht enden wollendes Meer von Grün. Dazwischen die Farmen, weiße solide Schachteln, von Silos und Windrädern überragt. Das ist das Land der Amish.

Die religiösen Wurzeln dieser Glaubensgemeinschaft sind in der Täuferbewegung zu finden, einer radikalen reformatorischen Gruppierung, die sich 1525 in Zürich etablierte. Die Täufer – von ihren Gegnern auch »Wiedertäufer« genannt – praktizierten die Erwachsenentaufe und gelten aufgrund ihrer strikten Forderung nach der Trennung von Kirche und Staat als die erste »Freikirche« der Neuzeit. Die Ablehnung staatlicher Gewalt sowie ihr strenger Pazifismus führten dazu, dass sie bereits in der ersten Hälfte des 16. Jh.s von Katholiken wie Protestanten verfolgt und zu Tausenden ermordet wurden. Wer überleben wollte, floh aufs Land – so wurde aus einer ursprünglich intellektuellen, urbanen Bewegung eine ländliche. Die große Gruppe der Täufer, die Menno Simons nachfolgten, einem katholischen Priester, der 1536 zu den radikalen Reformatoren stieß, wurde Mennoniten genannt. Von diesen spaltete sich 1693 eine Fraktion ab, die in Sachen Auslegung der Exkommunikation von Mitgliedern besonders strenge Regeln beachtet sehen wollte. Ihr Anführer war der Schweizer Jakob Amman, seine Anhänger hießen die Amischen.

Die ersten Mennoniten ließen sich 1683 in William Penns Kolonie nieder, weitere Glaubensgenossen aus dem Rheinland und der Pfalz folgten. Hier in Pennsylvania fanden sie nicht nur religiöse Toleranz, sondern auch bestes Ackerland. Zu den Mennoniten stießen die Amischen und bald siedelten Deutsche und Schweizer in so großer Zahl in dem Gebiet, das heute ungefähr das Lancaster County umfasst, dass man die Gegend »Pennsylvania Dutch Country« nannte. »Dutch« heißt eigentlich »holländisch«, in diesem Fall handelt es sich um eine Fehldeutung des Wortes »Deutsch«.

Die Amischen und die Mennoniten lebten und leben in friedlicher Eintracht nebeneinander. Nach wie vor ist ihnen gemein, dass sie Pazifisten sind und für die Trennung von Kirche und Staat eintreten. Was weitere Fragen betrifft, die der Kleidung, der Arbeitsweise und des Einsatzes technischer Hilfsmittel, so legt jede örtliche Gruppe selbst fest, wie sie es damit halten will. In der Regel sind die Amischen konservativer als die Mennoniten; da dies aber nicht immer zutrifft, ziehen die Betroffenen selbst die Einteilung in »Old Order« und »modern« vor.

Pferdedroschke und traditionelle Bekleidung - die Amish verweigern sich dem Fortschritt.

Die Pennsylvania Dutch gehören wegen ihrer außergewöhnlichen Lebensweise zu den bekanntesten Religionsgemeinschaften der USA: Männer, die im beginnenden 21. Jh. noch immer mit Pferd und Wagen unterwegs sind und die Felder mit dem Pflug bearbeiten. Frauen in dunkler, schmuckloser Kleidung, das Haar zum Knoten gebunden, hinter feinen Häubchen versteckt. Schwarze, geschlossene Pferdewagen, die vor dem Supermarkt parken. Windräder statt Strommasten - die Old Order Amish halten nichts vom technischen Fortschritt.

Was die Trennung von Kirche und Staat betrifft, so konnten die Amischen Erfolge erringen, die beweisen, dass religiöse Toleranz in den USA fest verankert ist: 1972 befreite der Supreme Court die Amish-Kinder von der 12jährigen allgemeinen Schulpflicht. Sie müssen nur acht Jahre lang die Schulbank drücken, weil die Antragsteller überzeugend darstellen konnten, dass die Jungen und Mädchen alles, was sie fürs Leben in der Gemeinschaft brauchen, in der alltäglichen Arbeit lernen: Die Kinder werden von klein auf in die klar definierte, strenge Struktur der Familie eingebunden: Ältere sorgen für Jüngere, Jungen gehen schon sehr früh dem Vater zur Hand, Mädchen der Mutter. Die Rollenverteilung bei den Old Order Amish ist nach wie vor sehr streng, die Frau kümmert sich um den Haushalt und nimmt in der Öffentlichkeit keine eigenständige Position ein, auch nicht in der kirchlichen Gemeinde.

Außerdem erreichten die Amish, dass sie von der Pflicht entbunden wurden, Sozialabgaben (social security tax) zu zahlen. Sie konnten den Kongress davon überzeugen, dass kein Mitglied ihrer Kommune dem Staat zur Last fallen und soziale Einrichtungen in Anspruch nehmen werde. Wer alt, schwach oder krank ist, wird von der Gemeinschaft getragen und gepflegt - etwas anderes lässt das hohe soziale Ethos der Amischen nicht zu.

Der Massenprediger Billy Graham bei einem seiner Auftritte.

zurückgeführt hatte. Dies behauptet zumindest die Billy Graham Evangelistic Association, eine Gesellschaft, die über ein Reinvermögen von rund 400 Mio. Dollar verfügt: Dieser Gewinn wurde durch Spenden erwirtschaftet – keine TV-Predigt ohne eingeblendete Kontonummer –, den Verkauf von Büchern, Zeitschriften, CDs, Videos, DVDs.

Billy Graham ist international der bekannteste Evangelisten-Prediger, er ging im Weißen Haus unter diversen Präsidenten ein und aus, aber er ist beileibe nicht der einzige rechte christliche Fundamentalist, der Einfluss auf die Politik nimmt. Der Bible Belt, der früher nur im Süden lag, hat sich nach Nordwesten ausgedehnt, in Kansas z. B. besetzen die Evangelisten wichtige politische Ämter, die Mehrheit der Bürger unterstützt den Kreationismus und fordert, dass im Biologieunterricht nicht die Evolutionslehre, sondern die christliche Schöpfungsgeschichte gelehrt wird. Die Evangelisten treten dafür ein, dass Entscheidungen des Supreme Court wie die Abschaffung des Gebets an öffentlichen Schulen und das Recht der Frauen auf Abtreibung wieder rückgängig gemacht werden, Ehe und Familie nehmen in ihrem Weltbild eine zentrale Rolle ein, Scheidung und Homosexualität sind Teufels Werk.

Der Zuspruch, den sie mit diesen Thesen finden, ist bemerkenswert. Das Time Magazine, das 2005 eine Liste der 25 einflussreichsten Evangelisten veröffentlichte und in Rick Warren den Nachfolger von Billy Graham als »Americas New People's Pastor« sieht, berichtet, dass Warrens Buch »The Purpose Driven Life« innerhalb von zwei Jahren 20 Mio. Mal verkauft wurde und damit in der Geschichte der USA der Bestseller unter den Hardcovern ist.

Bring mir deine Müden, deine Armen – Einwanderungspolitik

Amerika war besiedelt, als die Europäer es für sich entdeckten und in Besitz nahmen. Die katholischen Konquistadoren hatten sich die Absolution des Papstes geholt und handelten nach dem Prinzip, dass Heiden entweder getauft oder getötet werden durften. Die Briten, die sich vom Papst gelöst hatten, handelten ebenso, ohne Absolution – die erteilten sich die Amerikaner erst 1845 durch das Manifest Destiny (s. S. 52) –, aber in dem festen Bewusstsein der Überlegenheit der weißen nordischen Rasse, das die Einwanderungspolitik der USA bis ins 20. Jh. hinein bestimmte. Schon in der Kolonialzeit, als die Immigranten zum überwiegenden Teil aus England kamen, etablierte sich eine Oberschicht, die sogenannten »Wasps« (**W**hite, **a**nglosaxon, **p**rotestant), deren Angehörige Politik und Wirtschaft beherrschten und auch die Einwanderungspolitik so lenkten, dass sie jahrhundertelang unter sich blieben.

Arbeitskräfte gesucht: Kommt oder wir holen euch!

Als Amerika von den Briten besiedelt wurde, folgte die Einwanderungspolitik kolonialer Logik und Ideologie: Das Land gehörte dem König. Der vergab es an Handelsgesellschaften oder verdiente Persönlichkeiten und die übernahmen dann die Aufgabe, Siedler ins Land zu locken. Mit Versprechungen, die nicht immer der Wahrheit entsprachen, aber den Werbern in der Alten Welt ihr Kopfgeld und den Herren in der Neuen Welt Arbeitskräfte brachten. Auswanderung war damals ein lukratives Geschäft. Menschen, die Land urbar machten und

> »Bring mir deine Müden, deine Armen, deine zusammengekauerten Massen, die sich nach Freiheit sehnen,
> den erbärmlichen Abfall deiner überfüllten Küsten.
> Schick sie mir, die Obdachlosen, vom Sturm Gepeitschten.
> Ich erhebe mein Licht neben der goldenen Pforte!«
> *Inschrift im Sockel der Freiheitsstatue, Text Emma Lazarus, 1883*

Von zwei auf 20 Millionen Dollar: John Jacob Astor
Von einem besseren Leben träumte wohl jeder, der sich in Europa einschiffte, und Geschichten wie die des John Jacob Astor schürten den Traum von der legendären Karriere »vom Tellerwäscher zum Millionär« und waren Wasser auf die Mühlen derer, die in Europa Siedler anwarben.

John Jacob Astor wurde 1763 in Walldorf bei Heidelberg geboren und kam mit 21 Jahren in New York an, wo er einen Job bei einem Pelzhändler fand. Wochenlohn: zwei Dollar. Zwei Jahre später machte er sich selbstständig und errichtete ein riesiges Pelz-Imperium, das vom Atlantik bis zum Pazifik reichte.

Astor arbeitete mit rüden Methoden: Den Indianern bezahlte er billigen Tand für ihre Felle, in New York erwarb er viele Grundstücke, u. a. auch aufgrund von Zwangsversteigerungen. Als er 1848 starb, hinterließ er ein Vermögen von über 20 Mio., auf heutige Verhältnisse umgerechnet 116 Mrd. Dollar.

es gegen seine rechtmäßigen Besitzer verteidigten, waren begehrt. Wer kein Geld für die Überfahrt hatte, konnte sich als Indentured Servant (s. S. 25) verdingen.

Mit der Entwicklung der Plantagenwirtschaft im Süden – Tabak, Reis, Indigo, Baumwolle – wurde der Bedarf an Arbeitskräften immens und man deckte ihn durch die Einfuhr von Sklaven, die man zwar auf den Märkten kaufen, aber später nicht bezahlen musste, weil sie Eigentum ihrer Besitzer waren.

Von Einwanderung in diesem Zusammenhang zu sprechen, wäre zynisch: Kein einziger Afrikaner kam freiwillig. Die Menschen wurden von Agenten aus ihren Dörfern gestohlen, oft auch von ihren schwarzen Häuptlingen verkauft, zusammengebunden in wochen- und monatelangen Märschen zur Küste getrieben, gebrandmarkt und wie Vieh auf Schiffe verladen, wo die Verhältnisse so grauenvoll waren, das 10–20 % der Menschen diese »Mittelpassage« nicht überlebten. Dass der Sklavenhandel noch weit größere Opfer forderte, schreibt der Historiker Gary B. Nash in seinem Buch »Red, White & Black«: »Wenn man bedenkt, wie viele bei der Gefangennahme, auf dem Marsch zur Küste und auf der Mittelpassage starben, so kann man annehmen, dass wahrscheinlich nur jeder zweite gefangene Afrikaner lebend in die Neue Welt kam. Viele der Überlebenden müssen nach diesen Erfahrungen geistig völlig abgestumpft und körperlich entkräftet gewesen sein. Und doch stand ihnen noch eine weitere Etappe im Versklavungsprozess bevor: Die Versteigerung an den Sklavenhalter und der Transport zu dessen Wohnort.«

Bereits Ende der 1760er Jahre gab es in den britischen Kolonien zwischen 250.000 und 500.000 schwarze Sklaven, deren Zahl pro Jahr um rund 50.000 stieg. Erst 1808 wurde die Einfuhr der »Ware Mensch« verboten, die Sklavenhaltung ging aber weiter.

Nicht nur Schwarze wurden übrigens Opfer der Sklaverei, in den Carolinas z. B. (seit 1729 North und South Carolina) nahm man auch Tausende von Indianern gefangen und verkaufte sie auf dem Sklavenmarkt von Charles Town (heute Charleston). Die Agenten gingen dabei nicht selbst auf Jagd im sumpfigen Küstenland. Sie verbündeten sich vielmehr mit bestimmten Indianerstämmen, statteten sie mit Waffen und Geschenken aus und hetzten sie auf andere Indianer.

Das Zeitalter der Masseneinwanderung

Mitte der 1820er Jahre begann die Zeit der Masseneinwanderung: Abertausende Skandinavier, Deutsche und Iren verließen ihre Heimat und suchten ihr Glück in der Neuen Welt. Die Deutschen stellten dabei mit 30 % der Immigranten zwischen 1830 und 1840 die zweitgrößte Gruppe, politische Ereignisse wie die fehlgeschlagene Revolution 1848 und 30 Jahre später die Sozialistengesetze Bismarcks führten erneut zum Massenexodus: 1853 und 1854 kamen 356.955 Deutsche in den USA an, 1873 waren es 149.671, 1882 landeten 250.630.

Die größte Einwanderergruppe aber bildeten mit 44 % zwischen 1830 und 1840 und 49 % nach 1845 die Iren. Sie waren in keiner Weise willkommen (s. S. 58) und stießen wegen ihres katholischen Glaubens auf Ablehnung. Trotzdem aber blieb die Homogenität der Bevöl-

Einwanderer bei der Ankunft auf Ellis Island, Fotografie, um 1900.

kerung insofern erhalten, als die erste Welle der Masseneinwanderung, die sogenannte »Old Immigration«, nur Nordeuropäer und Deutsche ins Land schwemmte.

Das änderte sich nach 1885 mit dem Beginn der »New Immigration«. Nun wurde es wesentlich bunter im Völkergemisch, von den Schiffen strömten Migranten aus Österreich-Ungarn, dem Balkan, Italien, Polen und Russland, darunter mehr als 1,5 Mio. Juden, die vor Pogromen aus den Ghettos Osteuropas geflohen waren. Zwischen 1890 und 1917 kamen 18,5 % der Einwanderer aus Osteuropa, 27,1 % aus Zentraleuropa, 24,3 % aus Südeuropa und nur mehr 20,2 % aus Nordwesteuropa. 1914, als die Immigrationswelle ihren Zenit erreichte, stellten Süd- und Osteuropäer 73,4 % der Einwanderer.

Die Alteingesessenen reagierten auf die Fremden mit Ablehnung, Ausgrenzung und Gewalt. Im Süden kam es zu Lynchmorden. Als 1891 drei Italiener in New Orleans auf diese Weise hingerichtet wurden, kam es zu diplomatischen Verstimmungen zwischen den USA und Italien.

Auch die Juden wurden diskriminiert. Die größte jüdische Gemeinde lebte in New York im Einwanderer- und Elendsviertel Lower East Side. Dort hatte ein Großteil der Iren inzwischen den Aufstieg geschafft. Korrupte

Hester Street in der Lower East Side.

Politiker der vom irischen Einwanderer »Boss Tweed« beherrschten Tammany Hall hatten sie als Wähler entdeckt und ihnen den Löwenanteil der Posten bei der Polizei zugeschanzt. Das nutzten die Iren nun, um auf die neuen Underdogs loszugehen: Als die jüdische Gemeinde 1902 einen bedeutenden Rabbi beerdigen wollte, schlugen irische Banden zu und die Polizei eilte nicht etwa den Opfern zu Hilfe – sie prügelte gemeinsam mit ihren Landsleuten auf die Juden ein. Der Fall wurde untersucht, die betroffenen Polizisten blieben im Amt.

1913 sorgte ein Lynchmord im Süden für Schlagzeilen, bei dem ein reicher weißer Fabrikbesitzer aus Atlanta, Georgia, umgebracht wurde. Leo Frank war Jude. Und das rechtfertigte einen Mord, der nie geahndet wurde.

Der Rassismus beschränkte sich keineswegs auf diejenigen, die die Neueinwanderer als konkrete Bedrohung empfinden konnten, weil sie ihnen die Arbeit wegnahmen oder in den Elendsquartieren Wohnraum beanspruchten – vor allem die antisemitische Geisteshaltung zog sich durch alle Schichten. Hotels warben damit, »judenfrei« zu sein, vornehme Clubs sowie viele Universitäten und Privatschulen schlossen Juden aus, ganze Branchen auf dem Arbeitsmarkt stellten keine jüdischen Angestellten ein.

Chinatown in San Francisco.

Chinese Exclusion Act
Das erste Gesetz zur Einwanderungsbeschränkung wurde 1882 erlassen und richtete sich explizit gegen die rund 180.000 Chinesen, die damals im Westen lebten. Der Lockruf des Goldes war auch bis in ihr Reich gedrungen, aber die Chinesen hatten wenig Glück: Die meisten mussten ihre Überfahrt als Kontraktarbeiter abarbeiten und in den Camps der Goldgräber die niedrigsten Arbeiten ausführen. Zudem hatten sie eine Sondersteuer für Schürfrechte zu entrichten. Später bekamen sie die schlecht bezahlten Jobs beim Bau der transkontinentalen Eisenbahn, und als es auf dem Arbeitsmarkt enger wurde, empfanden die Weißen sie als Konkurrenz. Washington reagierte mit dem Chinese Exclusion Act und verbot chinesischen Arbeitern die Einwanderung. Das Gesetz wurde mehrmals erneuert und erst 1965 endgültig widerrufen.

Einwanderung – aber nicht für alle

Auch in höchsten politischen Kreisen herrschte Einigkeit, dass es eine überlegene und viele unterlegene Rassen gebe. Das konnte man auch in den Büchern und Schriften des Eugenikers Lothrop Stoddard nachlesen, aus denen hervorging, dass allein die weiße nordische Rasse wertvoll und erhaltenswert sei. Er war es übrigens auch, der erstmals den Begriff »underman« verwandte, der im Dritten Reich dann als »Untermensch« salonfähig wurde.

Um die These von der Überlegenheit zu untermauern, brauchte man nur noch wissenschaftliche Untersuchungen und die lieferten die Eugenics – auch wenn der Ausdruck »Wissenschaft« in diesem Fall durch den Zusatz »Pseudo« ergänzt werden muss. 1910 wurde das Eugenics Record Office gegründet, in dem der Biologe Charles B. Davenport und sein Assistent Harry H. Laughlin u. a. »genetisch minderwertige« Menschen zwangssterilisierten.

Finanziert wurde das Institut von Industriellen wie Andrew Carnegie und der Witwe des Eisenbahnkönigs Edward Henry Harriman sowie der Rockefeller Foundation. Wohlwollende Begleiter und Unterstützer ihrer »wissenschaftlichen Arbeit« fanden die Eugeniker auch in den Elite-Universitäten der Ostküste.

Ein weiteres rassistisches Forschungsprojekt von Laughlin sah so aus: Er entwickelte einen – englischsprachigen – Intelligenztest, in dem Menschen, die gerade vom Boot kamen und nur Jiddisch sprachen, nicht punkten konnten. So war der »Beweis« erbracht, dass jüdische Einwanderer »schwachsinnig« seien:

Während dieser Studien brach der Erste Weltkrieg aus, der den Fremdenhass erneut schürte. Die Anti-Immigrations-Bewegung gewann politisch immer mehr an Gewicht – nun musste und konnte die Regierung handeln und sie tat es: 1921 trat der erste Quota Act in Kraft. Er bezog sich auf den Status Quo von 1910: Mitglieder der ethnischen Gruppen, die zu dieser Zeit bereits im Lande waren, konnten weiterhin einreisen, allerdings durfte die Zahl der Neueinwanderer pro Jahr 3 % der Ansässigen nicht überschreiten.

Da 1910 aber bereits sehr viele jüdische Ost- und katholische Südeuropäer in Amerika lebten, reichte der erste Quota Act nicht, genau diese unerwünschten Immigranten fernzuhalten. So wurde das Gesetz 1924 revidiert. Nun bezog man sich auf den Zensus von 1890 und erlaubte eine Zuwanderung von 2 % der damals erfassten Eingewanderten.

So war das Rad zurückgedreht und der Zustand der »Old Immigration« wiederhergestellt: Die größten Quoten erhielten Großbritannien, Deutschland und Irland. Niedrige Quoten gab es für Italien und noch niedrigere für Polen und Russland, woher die meisten Juden stammten. Japaner, deren Zahl man bislang durch zwei Gentlemen's Agreements mit deren Regierung klein gehalten hatte, durften nun überhaupt nicht mehr einwandern.

Da Visa nun nicht mehr bei der Einreise, sondern in den Heimatländern der Emigranten ausgestellt wurden, sah der Eugeniker Laughlin Handlungsbedarf und bereiste in den 1920er Jahren Europa, wo er auf den Konsulaten vorstellig wurde und die Verantwortlichen davon zu überzeugen suchte, bei der Erteilung von Einreisegenehmigungen seine Tests und Richtlinien anzuwenden. Seine Erfolgsbilanz war groß: 87 Konsulate kooperierten, nur elf weigerten sich. Dies und die geringe Zuteilung von Quoten für Polen und Russland sollte für die Juden während der Hitler-Diktatur fatale Folgen haben. Während des Dritten Reichs fanden zwar viele deutsche und österreichische Verfolgte Zuflucht in den USA, aber für die osteuropäischen Juden mit ihrer geringen Quotenzuteilung gab es kaum eine Chance: Für Flüchtlinge sah das Gesetz kein Kontingent vor.

Das wurde erst 1965 anders, als der Immigration and Naturalization Services Act in Kraft trat, mit dem sich Amerikas Einwanderungspolitik radikal änderte: Die Quotenregelung war vom Tisch, die Zahl der Einwanderer blieb zwar weiter begrenzt, aber statt zu selektieren, öffnete Amerika nun Menschen aus allen Ländern die Tür und schuf u. a. auch Möglichkeiten, Flüchtlinge und Asylanten aufzunehmen. Die Auswirkungen dieser Politik waren schon nach wenigen Jahrzehnten sichtbar. Im besonders kosmopolitischen New York z. B. starrten viele Weiße auf die Ergebnisse der Volkszählung von 1990 und stellten fest, dass sie erstmals in der Geschichte der Stadt nicht mehr die absolute Mehrheit bildeten: Ihre Zahl war auf 43,2 % gesunken.

Illegale Einwanderung

Die Grenze zu Mexiko ist 3200 km lang und weitgehend ungesichert, die Mittel- und Südamerikaner sind arm und die amerikanische Wirtschaft braucht billige Arbeitskräfte: in der Baubranche, in den Dienstleistungsbereichen, in der Landwirtschaft. Und so überqueren jährlich Zehntausende illegal die Grenze – »wetbacks« nannte man sie früher verächtlich, weil sie durch den Rio Grande schwimmen mussten und dabei einen »nassen Rücken« bekamen.

Das Problem, was mit diesen Menschen zu geschehen habe, die teils schon Jahre mit ihren Familien im Land leben, stellte sich in den vergangenen Jahrzehnten immer wieder und wurde auf unterschiedliche

Tijuana, US-mexikanische Grenze: Migranten warten auf die Gelegenheit, die Grenze über den Canyon de los Muertos zu überqueren.

Weise gelöst: 1954 veranstaltete Präsident Eisenhower seine »Operation Wetback« und jagte mithilfe des Militärs und unter Verbreitung von Angst und Schrecken mehr als 1 Mio. Mexikaner in ihre Heimat zurück. 1986 unter Reagan wurden Hunderttausende Illegale, die vor 1982 ins Land gekommen waren, amnestiert und legalisiert, zugleich wurde verfügt, dass sich strafbar mache, wer Menschen ohne Papiere beschäftigte.

Und dann kündigte George W. Bush die umfassendste Reform des amerikanischen Einwanderungsrechts seit 40 Jahren an, um einen Status für die mittlerweile wieder auf 11–12 Mio. angewachsenen Illegalen zu schaffen – und scheiterte 2006 am Senat und den Protesten der Bevölkerung.

Ein Gesetz aber brachte er im selben Jahr durch: Zwischen Mexiko und den USA wird eine Betonmauer mit Fahrzeugsperren, Infrarotkameras und Radarstationen gegen die illegalen Einwanderer gebaut. Über 10.000 Grenzschützer und Mitglieder der Nationalgarde sowie in der Bürgerwehr organisierte Amerikaner werden die 1100 km lange Mauer kontrollieren.

1886 eingeweiht begrüßt die amerikanische Freiheitsstatue, »Miss Liberty«, auf Liberty Island die Ankömmlinge im Hafen von New York. Sie war ein Geschenk Frankreichs an die Vereinigten Staaten.

Die Freiheitsstatue, die seit 1886 ihr »Licht neben der goldenen Pforte« erhebt, ist selbst eine Immigrantin. Sie kam 1885 als Symbol der Völkerfreundschaft aus Frankreich.

Die New Yorker wollten das Geschenk nicht, zumal sie das Geld für den Denkmalsockel aufbringen mussten. Ein Großsponsor war nicht in Sicht, und so nahm sich Joseph Pulitzer der Sache an. In seiner Zeitung »The World« forderte er: »Lasst uns nicht auf die Millionäre warten ... Gebt etwas, ganz gleich wie wenig es ist, schickt es uns.«

Die Aktion war sehr erfolgreich: Binnen fünf Monaten flossen mehr als 100.000 Dollar von 120.000 Spendern. Die Freiheitsstatue wurde bald zum Symbol des Neuanfangs für die Immigranten, die in den Hafen von New York einliefen:

»Alle Passagiere der ›Reliance‹ standen an der Reeling. Nach zehn Tagen stürmischer Fahrt: Amerika. Jeder hatte vergessen, dass das Land im Jahr 1492 entdeckt war, jeder glaubte, er sei Kolumbus. In Coney Island stoppte der Dampfer, die Herren der Quarantäne und der Einwandebehörden, Reporter und Photografen kletterten an Bord. Bald werden sie die Freiheitsstatue sehen, vor der Maxim Gorki niederkniete, als er sie zum ersten Mal erblickte.« (Ernst Toller, 1930)

Ellis Island

Ellis Island wurde 1892 in New York, der seit den 1820er Jahren größten Anlaufstation für Einwanderer, eröffnet. Die Regierung in Washington setzte damit ein Urteil des Supreme Court aus dem Jahr 1875 um, das dem Bund die Regulierung der Einwanderung übertrug, und schuf eine föderale Institution, die alle Immigranten zu durchlaufen hatten. Der Bau mit seiner orientalisch anmutenden Architektur wirkt heute wie eine feudale Residenz. Für Menschen, die aus Europa kamen, war es ein Ort der Angst.

»Insel der Tränen« nannten sie Ellis Island. Besonders für die Passagiere des Zwischendecks war die Einreise hart : Wenn die Fahrt über den Atlantik überstanden war und die Schiffe

Das Hauptgebäude des Einwanderermuseums auf der Einwandererinsel Ellis Island im Hafen von New York.

an den Hudson Piers anlegten, wurden die Passagiere erster und zweiter Klasse an Bord abgefertigt und durften gehen. Für die 2000 Menschen, die im Zwischendeck gereist waren, aber begann die Tortur. War der Andrang groß – in manchen Jahren wurden auf Ellis Island bis zu 5000 Immigranten pro Tag abgefertigt –, mussten sie noch Tage in den engen, stinkenden Zwischendecks ausharren, bevor sie Platz auf einer der Fähren bekamen.

Legten die Schiffe auf der Insel an, wurden die Massen sauber etikettiert und in Reih und Glied formiert. Inspektoren notierten jede Auffälligkeit mit Kreidestrichen auf dem Rücken der Betroffenen. Dann wurde sortiert: Die »Guten« durchliefen das Routineprogramm, bei den »Schlechten« wurde Gesundheit und Gesinnung überprüft.

Es gab Bestimmungen, wen man nicht haben wollte: Geistig Behinderte, Prostituierte und Kriminelle, Mittellose, Menschen mit ansteckenden Krankheiten, moralisch verwerfliche Individuen und solche, die politisch nicht genehm waren.

Die Inspektoren waren überarbeitet, das Gesetz ließ persönlicher Willkür freien Lauf. Hatte ein Kind auf der Überfahrt z. B. Masern bekommen, so landete die Familie bestenfalls in Quarantäne, schlimmstenfalls wurden Mutter und Kind zurückgeschickt. Besonders willkürlich waren die Entscheidungen, wenn es um Fragen der politischen Einstellung und der Moral ging. Da wurde ein schwärmerischer Sozialist schnell zur persona non grata erklärt. Auch unverheiratete schwangere Frauen waren unmoralisch und hatten in den USA nichts zu suchen.

Wer durchs Raster fiel, wurde mit dem nächsten Boot wieder zurückgeschickt. Dass dieses Schicksal nur 2 % der 16 Mio. ereilte, die zwischen 1892 und 1924 durch Ellis Island geschleust wurden, liegt daran, dass die Schifffahrtsgesellschaften die Kosten für den Rücktransport der Abgewiesenen übernehmen mussten. Ein erster Ausleseprozess fand damit schon in Europa statt. Die Reeder unterhielten Kontrollstationen an den Transitstrecken und in den Hafenstädten und sortierten bereits diejenigen aus, die ihnen zum finanziellen Risiko werden konnten.

Die Gesellschaft von A wie Armut bis Z wie Zensus

Armut: 2005 lebten 37 Mio. Menschen (12,6 % der Gesamtbevölkerung) unter der Armutsgrenze: 10,6 % der Weißen, 24,9 % der Schwarzen, 21,8 % der Hispanier.

Die Armutsgrenze wird nach der Zahl der Personen in einem Haushalt festgelegt. Als arm gelten z. B. Alleinstehende mit einem jährlichen Einkommen unter rund 10.000 Dollar und Drei-Personen-Haushalte, die mit weniger als 15.577 Dollar auskommen müssen. 17,1 % der Kinder und 9,8 % der über 65-jährigen sind von Armut betroffen.

Die während der Depression geschaffenen Fürsorgeleistungen wurden durch eine Gesetzesänderung 1996 stark eingeschränkt. Das vom Bund bezuschusste und von den Staaten umgesetzte Hilfsprogramm TANF (Temporary Assistance for Needy Families) beschränkt Sozialhilfezahlungen auf fünf Jahre, gesunde Erwachsene müssen spätestens nach zwei Jahren wieder arbeiten. Lebensmittelmarken (Food Stamps) werden nur drei Monate lang verteilt, wenn die Leistungsempfänger sich nicht um Arbeit bemühen.

Von Armut betroffen sind v. a. Washington D. C. (19,1%) und die Südstaaten: Louisiana (17,6%), Mississippi (17,4 %), New Mexico (17,2 %), Alabama (16,8 %) Kentucky und Texas (16,3 %). In Utah, Minnesota, Nebraska, Idaho, Hawaii, Alaska und den Ostküstenstaaten Massachusetts, Connecticut, New Jersey, Virginia und Maryland liegt der Anteil der Armen unter 10 %, in New Hampshire sind es nur 5,5 %.

Die Kluft zwischen Arm und Reich wird immer größer.

Asiaten: In den USA leben mehr als 11 Mio. Amerikaner asiatischer Abstammung, die Hälfte davon verteilt sich auf die drei Bundesstaaten Kalifornien, New York und Hawaii.

Da sie lange von der Einwanderung ausgeschlossen waren (s. S. 128), gehören sie zu den jungen (68 % sind unter 44 Jahre alt), rasch wachsenden Bevölkerungsgruppen. Und zudem zu den erfolgreichsten mit dem zweithöchsten Durchschnittseinkommen und dem höchsten Bildungsniveau: 68,8 % (10 % mehr als die Weißen) haben einen College-Abschluss, 49,1 (19 % mehr als die Weißen) einen höheren akademischen Grad.

Laut dem Zensus (s. S. 143) 2000 stellen die Chinesen mit 2,7 Mio. die größte asiatische Gruppe. De facto aber leben sehr viel mehr Chinesen im Land, die keine Statistik erfasst, da sie von den Triaden – dem chinesischen Pendant zur Mafia – illegal als billige Arbeitskräfte ins Land geschleust wurden und werden.

Bevölkerung: Von den 281,4 Mio. Bürgerinnen und Bürgern des Landes sind 77,1 % weiß, 12,9 % schwarz, 4,5 % Asiaten oder Pazifik-Insulaner, 1,5 % Indianer oder Ureinwohner Alaskas. Als »Hispanics« bezeichneten sich 35,3 Mio. (13 %) Amerikaner (s. S. 143).

Über 35 Mio. sind älter als 65 Jahre – Tendenz steigend: Die sogenannten Baby Boomer, die Generation der geburtenstarken Jahrgänge zwischen 1946 und 1964, kommen ins Rentenalter.

Das Bevölkerungswachstum variiert stark in den einzelnen Staaten und Regionen, den größten Zuwachs konnten zwischen 1990 und 2000 die westlichen Bundesstaaten mit 19,7 % verzeichnen, gefolgt vom Süden mit 17,3 %. Besonders Nevada boomt, seit 1990 wuchs die Bevölkerung um 66,3 %, an zweiter Stelle liegt Arizona mit 40 %, gefolgt von Colorado (30,6 %), Utah (29,6 %) und Idaho (28,5 %). Dass gerade die südlichen und sonnenverwöhnten Staaten so rasch wachsen,

Straßenszene im »melting pot« (Schmelztiegel) New York.

liegt auch daran, dass viele der Baby Boomer den kalten Norden und Nordosten verlassen und dorthin ziehen.

Diskriminierung: Die seit den 1960er Jahren erlassenen Antidiskriminierungsgesetze gehören zu den größten gesellschaftspolitischen Leistungen, die die amerikanische Nation erbracht hat. Denn die Diskriminierung zieht sich wie ein roter Faden durch die gesamte Geschichte des Landes. Von der Versklavung der Afrikaner über den indianischen Ethnozid, von der Rassentrennung nach der Sklavenbefreiung über die menschenverachtenden Thesen der Eugeniker (s. S. 128) bis in die 1950er, 1960er Jahre.

Noch damals war es gang und gäbe, dass Schwarze im Bus hinten sitzen mussten, getrennte Toiletten existieren und Schilder wie »Whites only«, »No jews, no dogs« bestimmten Volks- oder Berufsgruppen den Zutritt zu Lokalen, Hotels oder anderen Einrichtungen verwehrten. Das entsprach nicht den in der Bill of Rights formulierten Menschenrechten, aber es war alltägliche Praxis und niemand, der in einem Stellenangebot Schwarze oder Frauen explizit ausschloss oder Kunden wegen ihrer Hautfarbe nicht bediente, musste mit Sanktionen rechnen. Das änderte sich erst mit der Bürgerrechtsbewegung: Seit 1964 (Civil Rights Act) herrschen in Amerika strenge Gesetze, die durch den Age Discrimination in Employment Act von 1967, den Rehabilitation Act (1973) und den Americans with Disabilities Act (1990) sowie den zweiten Civil Rights Act von 1991 erweitert und konkretisiert wurden und besagen, dass niemand wegen seiner Rasse, seines Geschlechts, seines Alters, seiner Religion oder einer Behinderung diskriminiert werden darf.

Es liegt in der Natur der Sache, dass Gesetze, so wichtig und richtig sie auch sein mögen, dazu verleiten, sie auszunutzen: Wer sich diskriminiert fühlt, kann klagen. Und die Amerikaner, die gerne vor Gericht ziehen und deren Anwälte Erfolgshonorare beziehen, versuchen, z. B. beim Verlust des Arbeitsplatzes, die Gründe in der Diskriminierung ihrer Person zu suchen. Auch in der Sprache treibt die Antidiskriminierungskampagne bunte Blüten. So gilt beispielsweise das Wort »behindert« nicht mehr als politisch korrekt und wurde durch »challenged« (herausgefordert) ersetzt. Geistig Behinderte heißen jetzt »mentally challenged«, Blinde »visually challenged«.

Insgesamt aber haben die Antidiskriminierungsgesetze – neben den 1965 verabschiedeten neuen Einwanderungsbestimmungen (s. S. 130) – dazu beigetragen, dass sich die amerikanische Gesellschaft in den letzten Jahrzehnten grundlegend gewandelt hat. Selbstverständlich lassen sich Vorurteile und Animositäten nicht per Dekret aus der Welt schaffen, aber was die Politik zur Veränderung der Gesellschaft beitragen kann, hat sie getan.

So haben die Gesetze z. B. dazu geführt, dass die alten Seilschaften der weißen, angelsächsischen, protestantischen Männer nicht mehr ganz so uneingeschränkt schalten und walten dürfen. Noch keine Regierung war ethnisch so vielfältig zusammengesetzt wie die von George W. Bush. Frauen eroberten nicht nur klassische Männerdomänen wie Polizei, Feuerwehr und Militär, sie sind auch in Führungspositionen vertreten, wo ihre Zahl zwischen 1975 und 2005 von 22 % auf 50 % stieg, während sie in Deutschland bei unter 25 % liegt. Auch im Hochschulbereich konnten sich die Frauen durchsetzen: 2003 waren 44 % der Lehrkräfte weiblich, in Deutschland waren es nur 14 %.

Bill Gates, einer der reichsten Männer der USA, spendet über die Bill and Melinda Gates Foundation große Summen für wohltätige Zwecke im Gesundheitswesen.

Einkommensverteilung: Im Durchschnitt verdienten Männer im Jahr 2004 rund 30.500 Dollar, Frauen 17.500 Dollar pro Jahr. Die Einkommensskala variiert je nach Rasse: An der Spitze stehen die weißen Männer mit 33.700 Dollar, dicht gefolgt von den Asiaten. Schwarze Männer verdienen im Schnitt 22.700 Dollar, hispanische Männer etwa 10.000 Dollar weniger, ganz unten stehen die hispanischen Frauen mit 14.400 Dollar.

Solche Zahlen spiegeln die Realität der Einkommensverteilung aber nicht wider. Tatsache ist, dass die Zahl der »working poor«, also der Mittelschichtler, die von ihrer Arbeit nicht mehr leben können, immer größer wird. Anderseits ist die Zahl der Millionäre, deren Einkommen die statistischen Zahlen hebt und schönt, in den letzten Jahren rasant in die Höhe geschnellt.

Die Schere zwischen Arm und Reich klafft, die Mittelschicht verschwindet und insgesamt sind Zustände erreicht, die denen des »Gilded Age« (s. S. 70) gleichen: Zwei Studien von Universitäten in Kalifornien und Paris beweisen, dass 5 % des gesamten Einkommens des Landes in die Taschen von 0,0001 % der Bevölkerung fließen, konkret sind das fast 15.000 Familien, die pro Jahr 9,5 Mio. Dollar oder mehr verdienen. Dem sind keine Grenzen gesetzt, Bill Gates verfügt über ein Vermögen von 82 Mrd.

Aber auch die Gruppe derjenigen, die »nur« 1 Mio. Dollar besitzen, Wohnhaus nicht eingerechnet, wächst von Jahr zu Jahr. Der World Wealth Report belegt, dass die Zahl der US-Millionäre im Jahr 2005 um 6,8 % auf 2,67 Mio. und 2006 noch mal um 9,4 % auf 2,92 Mio. stieg.

Medien: Der Durchschnittsamerikaner sitzt jeden Tag 4,5 Stunden vor dem Fernsehen, aus dem er den Großteil seiner Informationen bezieht. Die Zahl der Zeitungsleser ist gering – auf 1000 Einwohner kommen 121 Zeitungen, die – bedeutende Blätter wie die »New York Times« und die »Washington Post« ausgenommen – lokale Themen behandeln und im Besitz einiger weniger Meinungsmacher sind: Ganze zehn Verlage kontrollieren über 50 % der Zeitungen.

Insofern kommt dem Fernsehen, das 109 Mio. Haushalte erreicht, eine zentrale Rolle bei der politischen Willensbildung zu. Analysen sind dabei selten, gerade bei den großen Nachrichtensendern CNN, MSNBC und Fox News stehen Sensationen im Vordergrund, Themen, die Einschaltquoten und so Werbeeinnahmen bringen.

Rund 1800 Fernsehstationen und mehr als 11.000 Kabelsysteme liefern Unterhaltung rund um die Uhr, bieten Waren zum Kauf oder übertragen die Botschaften evangelikaler Prediger.

Öffentlich-rechtliches Fernsehen, wie wir es kennen, existiert in den USA nicht, die Amerikaner zahlen auch keine Fernsehgebühren. Öffentliche Mittel und private Geber finanzieren den Rundfunksender National Public Radio und das nicht-kommerzielle Fernsehen Public Broadcasting Services (PBS), die beide ein anspruchsvolles Programm für politisch und kulturell Interessierte bieten. PBS erreicht zur Hauptsendezeit allerdings nur eine Einschaltquote von knapp 2 %, diesen Zuschauern ist das Programm aber so viel wert, dass sie es durch Spenden am Leben erhalten.

Minoritäten: Wenn man in den USA von Minoritäten spricht, meint man zwei Gruppen: Die 36,4 Mio. Afro-Amerikaner und die 35,3 Mio. Hispanier, wobei diese Zahlen nicht absolut zu sehen sind, weil hier die Hautfarbe mit einer ethnischen Gruppe verglichen wird und es auch schwarze Hispanier, also Schnittmengen, gibt (s. S. 143). Dennoch, wenn man dazu die 11–12 Mio. Illegalen addiert, die überwiegend aus Mittel- und Lateinamerika kommen, stellen diese beiden »Minoritäten« immerhin 26–27 % der Bevölkerung. Tendenz steigend: Die Hispanier wachsen schneller als jede andere Bevölkerungsgruppe (zwischen 1990 und 2000 um 57,9 %).

Was beiden Gruppen gemein ist: Sie stehen am unteren Ende der sozialen Leiter, gehören zu den Armen, konkurrieren um die Billigjobs, haben geringe Bildungs- und Aufstiegschancen. Sie leben kürzer und teilweise in sehr schlechten Verhältnissen – man denke an die Bilder aus den Armenvierteln von New Orleans, die 2005 um die Welt gingen, nachdem der Wirbelsturm Katrina gewütet hatte.

Eine Navajo-Familie vor dem Monument Valley. Der Nationalpark wird von den Indianern verwaltet.

Umwelt: Die USA gehören zu den größten Umweltsündern der Erde. 30,3 % der Erderwärmung gehen auf ihre Kosten. Als größter Verursacher von Treibhausgasen haben sie die Kyoto-Protokolle nicht unterzeichnet. »Wir haben noch keine Lösung für die Erderwärmung. Wir sollten da keine vorschnellen Entscheidungen treffen. Die USA werden jedenfalls nicht die Last tragen, die Luft der ganzen Welt zu säubern«, stellte George W. Bush während des Wahlkampfs im Oktober 2000 fest. In den acht Jahren seiner Amtszeit protegierte er die Ölindustrie, negierte die Erderwärmung und blockierte die globalen Bemühungen um den Klimaschutz.

Trotzdem »grünt« es in den USA. Auf allen Ebenen tut sich etwas, sogar in der Regierung. So scheiterten Bush und die Ölindustrie im Dezember 2005 mit dem Vorhaben, Ölbohrungen im Naturschutzgebiet Arctic National Wildlife Refuge in Alaska zuzulassen – der Senat war dagegen, trotz Republikanermehrheit.

Auch in vielen Einzelstaaten ist das Umweltbewusstsein gewachsen, man wartet nicht mehr auf die Bundesregierung, sondern erlässt eigene Gesetze. Vorreiter waren seit Jahrzehnten die Neuenglandstaaten und dort besonders Vermont und Massachusetts. So erreichten die Bostoner z. B. nach langen Kämpfen, Prozessen und Auflagen für die Industrie, dass 90 % der Strände im Großraum der Millionenstadt heute wieder Badequalität haben. Das Umdenken hat inzwischen den gesamten Nordosten, auch New York, New Jersey und Pennsylvania erfasst. Als »grünster« Gouverneur tritt Arnold Schwarzenegger auf und in Kalifornien gibt es auch am meisten zu tun: Die CO_2-Emmissionen sind höher als in jedem anderen Staat. Los Angeles, eine Stadt, in der Mobilität einzig vom Auto abhängt, erstickt im Smog.

Schwarzenegger hat bereits Gesetze – fixierte Grenzwerte für den Ausstoß von Klimakillern – erlassen. Er hat einen Plan für die Reduzierung der Treibhausgase um 25 % bis 2020 durch sein Parlament gebracht: Jede dritte Kilowattstunde Strom soll aus Erdwärme, Sonne, Wind und Biomasse gewonnen werden. Und am Highway One, der Traumstraße am Pazifik, will er 200 Wasserstofftankstellen bauen lassen.

Neue Töne erklangen 2007 auch an der Ostküste: Bürgermeister Michael Bloomberg will das Schmuddelkind New York zur grünen Vorzeigemetropole machen, u. a. durch die Einführung einer City-Maut für Manhattan und die Anpflanzung von Millionen von Bäumen.

Dieses massive Umdenken im Land ist v. a. einem Mann zu verdanken, der durch sein unermüdliches Wirken das Problembewusstsein der Amerikaner verändert hat: Al Gore, der 2007 den für sein umweltpolitisches Engagement den Friedensnobelpreis bekam. Mit seinem Film »Eine unbequeme Wahrheit« zog er durchs ganze Land. 2007 gaben 40 % der Amerikaner an, dass sie angesichts der globalen Erwärmung »sehr besorgt« seien, 2005 waren es nach Angaben der »New York Times« erst 25 %.

Waffen: In den USA sind rund 200 Mio. Schusswaffen im Umlauf. Zum Recht auf Waffenbesitz heißt es im zweiten Verfassungszusatz von 1791: »Eine gut regulierte Miliz, sofern sie notwendig ist für die Sicherheit eines freien Staates, das Recht des Volkes auf Waffenbesitz und das Tragen von Waffen darf nicht eingeschränkt werden.«

Heute hat dieses Gesetz zur Folge, dass durch Schusswaffen alljährlich über 30.000 Menschen zu Tode kommen, davon rund 17.000 durch Selbstmord, rund 12.000 durch Mord und etwa 800, weil sie zufällig Opfer einer Schießerei wurden.

Die Verfechter des »Pro-gun movement« – dessen größter, aber nicht einziger Lobbyverband die 1871 gegründete NRA (National Rifle Association) mit 4 Mio. Mitgliedern ist – beeindrucken solche Zahlen nicht. Sie verweisen auf die 90 Mio. Waffenbesitzer, die sich an die Gesetze halten und lehnen schärfere Kontrollen von Waffenverkäufen strikt ab – die Konditionen, zu denen man Waffen legal erwerben kann, variieren von Staat zu Staat.

Im April 1999 fand an der Columbine High School in Littleton, Colorado, ein Blutbad statt, bei dem zwei Jugendliche zwölf Schüler, einen Lehrer und anschließend sich selbst töteten. Seitdem wurden allein an amerikanischen Schulen über 200 Menschen erschossen. Dieser Amoklauf in Littleton war Anlass für Michael Moores preisgekrönte Filmdokumentation »Bowling for Columbine« von 2002.

Wohltätigkeit: Die USA sind kein Wohlfahrtsstaat: Die Amerikaner hegen Misstrauen gegen zu viel staatlichen Einfluss und lösen ihre Probleme gerne selbst. In ländlichen Gemeinden übernehmen die Kirchen einen Großteil der Sozialfürsorge – die natürlich dann an ihre Grenzen gerät, wenn die Gemeinde und damit die lokale Kirche arm ist. In den Städten werden Obdachlosenspeisungen privat organisiert, medizinisches Personal arbeitet kostenlos in Kliniken in sozialen Brennpunkten und wer viel Geld hat, spendet im großen Stil.

In Amerika zeigt man seinen Reichtum unverhohlen. Zu den Statussymbolen gehört auch der Scheck, den man an für wohltätige Zwecke ausstellt. In New York, der Stadt mit der höchsten Milliardärsdichte, gehören die »Charities« zum gesellschaftlichen Programm in den Monaten nach der Sommerpause. Die Festsäle der Luxushotels sind ausgebucht, man zahlt Tausende für ein Dinner und trifft andere aus der High Society, die auch Tausende für einen guten Zweck zahlen.

Wer große Summen für eine Bibliothek oder ein Krankenhaus spendet, wird zum Namensgeber, und in jedem Museum verkünden Tafeln, wer zum Bau beigetragen hat. Die Kulturförderung liegt in privaten Händen: Die erste »Met« in New York wurde von wohlhabenden Bürgern gebaut, Andrew Carnegie ließ die nach ihm benannte Konzerthalle errichten, die Rockefellers stifteten Kunstsammlungen – diese Liste ließe sich endlos fortsetzen.

Zensus: Seit 1790 findet alle zehn Jahre im Lande eine Volkszählung statt. Das ist politisch wichtig: Schließlich hängt es von der Einwohnerzahl ab, wie viele Repräsentanten ein Staat in den Kongress entsenden darf.

Der Zensus ist mit sechs Fragen denkbar schlank. Name, Alter, Geschlecht, Rasse und Wohnverhältnisse werden erfasst. Bei der Frage nach der Rassenzugehörigkeit werden die Bürger ausdrücklich aufgefordert, sich selbst zu klassifizieren, also die Rasse anzukreuzen, mit der sie sich am meisten identifizieren. Auch Mehrfachnennungen sind möglich – 2000 gaben 2,4 % der Amerikaner zu Protokoll, dass sie zu mehr als einer Rasse gehören.

Dann gibt es noch eine siebte Frage, die 1970 in den Katalog aufgenommen wurde, »um ein komplettes Verständnis der Zusammensetzung der Bevölkerung« zu ermöglichen. Sie lautet, ob man hispanischer Abstammung sei. Zu dieser Zeit bildeten die Hispanier bereits einen bedeutenden Teil der Bevölkerung. Da sie zwar eine ethnische Gruppe, aber keine Rasse sind, werden sie nun auf diese Weise erfasst. In den Statistiken findet man seitdem auch die Kategorie »White not Hispanic«.

Kunst und Kultur

Die Frage, wann sich Amerika vom europäischen Vorbild löste und – sei es in Malerei, Musik, Tanz, Architektur oder Literatur – eine eigenständige Ausdrucksform fand, ist nicht eindeutig zu beantworten.

Amerika hat in Sachen Kultur bis ins 20. Jh. hinein nach Europa geblickt; selbst als die Architektur bereits ihre eigene ästhetische Form entwickelt hatte, reisten Vertreter der Ostküsten-High Society durch die Alte Welt und importierten ganze Schlösser und Klöster, um sie in Amerika wiederaufzubauen. Die Stadt- und Landhäuser, die im Gilded Age (s. S. 70) entstanden, sind protzige Kopien europäischer Adelspaläste. Man trug Pariser Mode, kaufte in Übersee Bilder von Alten Meistern oder zeitgenössischen Künstlern, die Grand Tour nach London und Italien gehörte für Gebildete oder solche, die es sein wollten, zur Pflicht. Maler und Architekten verbrachten ihre Studienzeit in Europa, amerikanische Künstler und Intellektuelle füllten die Caféhäuser im Paris der 1920er Jahre. Kurz: Was vom alten Kontinent kam, war »in«. Heute ist es umgekehrt: Der Blick geht von Ost nach West und jeder Trend, der aus Amerika stammt, findet in Europa begeisterte Aufnahme, ob in der Alltagskultur oder in der modernen Kunst.

Architektur

Zu Beginn der Besiedlung der Neuen Welt bauten die Kolonisten einfache Häuser aus Holz (im Norden) oder Ziegel (im Süden). Sie waren funktionell und glichen denen in Europa. Amerikanische Autoren nennen diese erste Phase (bis ca. 1700) in der Architekturgeschichte des Landes die »spätmittelalterliche«. Aus dieser Zeit sind nur noch wenige Originalgebäude in den Haus- und Freilichtmuseen erhalten, andere wurden rekonstruiert.

Als die Kolonien ins 18. Jh. traten, gehörten die Jahre des Überlebenskampfes der Vergangenheit an, man wandte sich verstärkt den schönen Dingen zu, schaute ins Mutterland und importierte den Georgian Style, eine

Das French Quarter in New Orleans wurde 1721 von Ingenieur Adrian de Pauger entworfen und trägt noch deutlich die Spuren europäischen Einflusses in der Architektur.

Weiterentwicklung des sogenannten englischen Palladianismus, der in seiner amerikanischen Variante auch Colonial Style genannt wird. Typische Merkmale: Zweigeschossigkeit, die symmetrische Gestaltung der Fassade, die profilierten Gesimse, der von Säulen gerahmte Eingang. Frühe Beispiele des Georgian Style findet man z. B. in South Carolina (Drayton Hall bei Charleston, 1742) und Cambridge, Massachusetts (Longfellow House, 1759). 1776 lösten sich die Kolonien mit rüden Worten vom Mutterland – der Formensprache der alten Heimat blieben sie treu. Dort hieß der Stararchitekt der damaligen Zeit Robert Adam, und in der Zeit, als aus den Kolonien die Vereinigten Staaten wurden, machte auch ein Mann Karriere, der als der erste bedeutende amerikanische Architekt in die Geschichte einging: Charles Bulfinch (1763–1844). Sein Entwurf für das State House in Boston fand so viel Anerkennung, dass er nach Washington berufen wurde, um dort das neue Kapitol zu bauen.

Drayton Hall (1742) bei Charleston ist ein Beispiel für den frühen Georgian Style.

Chicago musste brennen, damit es zur »Heimat der Hochhäuser« werden konnte. Das Feuer brach am 8. Oktober 1871 aus, wütete zwei Tage und vernichtete ca. 17.450 Gebäude. So kamen die Architekten an ihren Baugrund, der weit weg von der elitären Ostküste lag – in einer aufstrebenden Stadt, die sich seit Mitte des 19. Jh.s zu »einem brutalen Netzwerk industrieller Notwendigkeiten« (Lewis Mumford) entwickelt hatte. Diese Notwendigkeiten hatten mit der Ernährung von Millionen Menschen zu tun, mit der Vermarktung und dem Transport von Getreide und Fleisch (s. S. 72).

Die Unternehmer, die mit der zunehmenden Industrialisierung dazu übergingen, Produktionsstätten und Verwaltung zu trennen und letztere in die Städte zu verlegen, wollten schnell und effektiv arbeiten, man brauchte Büro- und Geschäftshäuser, in denen möglichst viele Kontore auf engstem Raum untergebracht waren. Und das kostengünstig – die Grundstückspreise waren hoch.

Ideale Voraussetzungen, um Neues zu erproben und nach Höhe zu streben. Der Brand von Chicago war nicht der erste, der bewiesen hatte, dass Gusseisen – damals das Mittel der Wahl für mehrgeschossige Bauten und weitspannende Hallen – hohen Temperaturen nicht standhielt. Also errichtete man Skelettkonstruktionen aus Stahl, die es möglich machten, Gebäude in einer Höhe zu bauen, die mit der Mauerwerkbauweise nicht erreicht werden konnte. Segensreich erwies sich die Erfindung des Aufzugs, den Elisha Graves Otis 1853 auf der Weltausstellung in New York präsentiert hatte.

Das Home Insurance Building (1885) von William Le Baron Jenney in Chicago hatte eine Stahlgerüst und galt mit 55 m Höhe als der erste Wolkenkratzer der Welt.

Auch wenn sich die Experten streiten, ob das Stahlskelett des 1885 errichteten und 1931 abgerissenen Home Insurance Building (55 m) von William Le Baron Jenney wirklich selbsttragend war, so gilt das Gebäude doch als der erste Wolkenkratzer in Chicago und der Welt. Ihm folgten rasch weitere; die modernen Bürohäuser wurden zum Symbol der Wirtschaft und Arbeitswelt, auch wenn von außen nicht unbedingt zu sehen war, dass sie als Boten einer neuen Zeit auftraten: Die stilistischen Mittel der Fassadendekoration stammten noch immer aus dem tradierten europäischen Formenschatz. Die Hochhaus-Architekten gingen mit dekorativen Elementen anfangs zurückhaltend um, nach der Weltausstellung in Chicago 1893 aber änderte sich der Zeitgeschmack: Als in New York das Flatiron Building (Daniel H. Burnham, 1902, 87 m), das damals höchste Gebäude des Landes, errichtet wurde, überhäufte man den Dreiecksturm mit Ornamenten im Renaissancestil.

Gegen dieses Zitat »anderer Länder und Zeitalter« wandte sich Louis Sullivan (1865–1924), einer der hervorragendsten Vertreter der »Chicago School«, zu denen man u. a. auch Dankmar Adler, John Root, Burnham und Jenney zählt. Sullivan erkannte und postulierte, dass Wolkenkratzer eine neue Gattung von Bauwerken seien und entwarf in »Das Bürohaus aus künstlerischer Sicht« (1896) ein allgemeines ästhetisches Konzept: »Woran erkannt man ein Bürohaus? Es ist groß. Es muss hoch sein. Man muss ihm die aufstrebende Kraft ansehen, es präsentiert seine Höhe selbstbewusst und stolz. Jeder Zentimeter muss entschlossen und siegessicher nach oben streben, eine dynamische Einheit vom Boden bis zur Spitze, die nicht ein einziges Mal gebremst werden darf.«

Art déco in New York: das Empire State Building (Shreve, Lamb & Harmon, 1931, 381 m) galt lange als das höchste Gebäude der Welt.

Sullivan konnte sich nicht durchsetzen, der Zeitgeist des ausgehenden 19. Jh.s wollte Pathos und Monumentales. Gebaut wurde da, wo das große Geld war, in New York, und dort kam Sullivan nicht an. Die Lieblinge der High Society hießen McKim, Mead and White, deren Architektenfirma bekam den Löwenanteil der Aufträge und bediente den Zeitgeist, der nach dem aus Europa importierten opulenten Beaux Arts Style verlangte.

Mit den immer ausgereifteren technischen Mitteln wurde das »Hoch, höher, am höchsten« in New York zum edlen Wettstreit, die ästhetischen Normen bestimm-

Art déco in Miami: In den 1930er und 40er Jahren entstanden die Art déco-Gebäude am Ocean Drive in Miami.

ten dabei das erste Baugesetz des Landes aus dem Jahr 1916, nach dem hohe Gebäude nicht ohne Rücksprünge errichtet werden durften. So entstand die klassische Wolkenkratzergliederung aus Sockel, Turm und Spitze, die auch die Prototypen der Gattung kennzeichnet: das im Art Déco Stil errichtete Chrysler Building (William van Alen, 1930, 319 m) und das Empire State Building (Shreve, Lamb & Harmon, 1931, 381 m), das lange den Rekord als höchstes Gebäude der Welt hielt, bis sich Chicago seiner Rolle als »Heimat der Wolkenkratzer« besann und die New Yorker mit dem Sears Tower (Skidmore, Owings & Merrill 1974, 443 m) auf Platz zwei verwies.

Mit seinen Rückstufungen greift der Sears Tower die Tradition der 1920er Jahre wieder auf, die mit der Entwicklung des International Style seit 1932 verloren gegangen war. Beeinflusst von dem emigrierten Bauhaus-Architekten Mies van der Rohe, der in Philip Johnson einen Mitstreiter fand, wurde hier zu Ende gedacht, was Sullivan gefordert und sein Schüler Frank Lloyd Wright (1869–1959) umgesetzt hatte: Klarheit statt Stilmix.

»Form follows function« hieß das Motto des International Style, ein Gebäude sollte zeigen, aus welchem Material es erbaut und wie es technisch konstruiert war. Die Curtain Wall wurde eingeführt, eine gläserne Gebäudehülle, die die Stahl- bzw. Stahlbetonelemente

Wolkenkratzer bestimmen das Zentrum nahezu jeder größeren Stadt, Seattle hebt sich durch ein Wahrzeichen ab: Der Space Needle-Aussichtsturm (Edward Carlson, 1961–62) wurde anlässlich der Weltausstellung 1962 errichtet.

sichtbar machte. Wenige Gebäude, die in den 1950er Jahren entstanden, wie das Seagram Building in New York (Mies van der Rohe & Philip Johnson, 1958), erfüllen den strengen ästhetischen Anspruch der Theoretiker nach einer funktionellen, industriell geprägten Architektur. In der Breite setzten sich ab den 1970er Jahren mehr oder weniger banale gläserne Monolithen durch, jede Stadt, die etwas auf sich hielt, kleisterte ihr Zentrum mit Hochhäusern zu. Wo nicht große Architekten wie z. B. Helmut Jahn oder Ieoh Ming Pei am Werk waren, bestimmte das Diktat des Geldes den Stil, viele Wolkenkratzer sind einfach nur hoch und, sofern in der Postmoderne (nach 1985) entstanden, wieder mit verspielten Dekorationselementen überhäuft.

Das Diktat des Geldes: Die Architektur von Las Vegas erinnert an Disney Land - in unmittelbarer Nähe zueinander bilden riesige Hotel- und Casino-Anlagen römische Palastanlagen (Cesars Palace), ägyptische Monumente (Hotel Luxor) oder ganze Städte (Hotel New York, Hotel Paris) nach. Inmitten des Hotel Venetian Resort hat Rem Koolhaas das Guggenheim Hermitage Museum gestaltet.

Frank Lloyd Wright: *Balch House* in Oak Park.

»Die schönste Brücke der Welt« und Meisterwerk der Ingenieurbaukunst: Die Golden Gate Bridge in der Bucht von San Francisco ist 2,7 km lang und 235 m hoch. Sie wurde zwischen 1933 und 1937 errichtet und in dem leuchtenden Orange gestrichen, das sie zum Wahrzeichen gemacht hat.

Frank Lloyd Wright

Frank Lloyd Wright (1867–1959) wuchs in Wisconsin auf, besuchte dort die Universität und arbeitete anschließend bei Louis H. Sullivan. 1893 gründete er eine eigene Firma in Oak Park, einem Vorort von Chicago und arbeitete dort bis 1910 vor allem an seinen Prairie Houses. Er verstand seine Häuser als Gesamtkunstwerke und sprach als Erster von einer »organischen Bauweise«. Seine Bauwerke sollten möglichst übergangslos in die Landschaft eingebunden werden. Mit den Prairie Houses versuchte Wright eine unabhängige, genuin amerikanische Architektur zu etablieren, die von Demokratie und Pioniergeist geprägt sein sollte. Auch in seinen repräsentativen Bauten spiegelt sich seine in den Prairie Houses entwickelte Einstellung, von denen das spiralförmige Guggenheim Museum in New York (1956–59) sicherlich das bekannteste ist.

Seit dem Angriff auf das World Trade Center ist der Höhenrausch der Amerikaner gebremst. Man scheint das Streben nach Weltrekord-Höhe den aufstrebenden Schwellenländern zu überlassen und stellt den Baugrund lieber international renommierten Avantgarde-Architekten wie Frank Gehry (u. a. Walt Disney Concert Hall, Los Angeles, 2003), Lord Norman Foster (Hearst Tower, New York, 2006), Renzo Piano (u. a. Erweiterung des High Museum of Art, Atlanta, 2005) oder Rem Kohlhaas (u. a. Seattle Public Library, Seattle 2004) zur Verfügung.

1923 ursprünglich als Hinweisschild für den Verkauf von Immobilien (»Hollywoodland«) in den Hügeln von Los Angeles aufgestellt, wurde der Schriftzug zum Wahrzeichen für die amerikanische Filmindustrie. Hier haben sich die großen Filmstudios angesiedelt und sind die Stars zu Hause.

Hollywood und der Film

Für Filmkunst gibt es weltweit nur ein Synonym: Hollywood. In keiner anderen künstlerischen Domäne nimmt Amerika eine derart dominante und richtungsweisende Stellung ein. Das mag daran liegen, dass der Film ein neues Medium war. Als die Bilder laufen lernten, gab es keine Standards, man betrat zeitgleich Neuland auf beiden Seiten des Atlantiks. Und schnell hatte die junge Nation die Nase vorn, v. a. bei der Vermarktung ihrer Produkte und der Sicherung der Rechte.

Der Pionier im amerikanischen Filmgeschäft war Thomas Alva Edison, ein Mann, der sich alles patentieren ließ, gleich, ob er es erfunden hatte oder nicht. So auch das noch heute verwendete Perforationssystem zur Führung des Films in der Kamera und das Kinetoskop, das er 1891 präsentierte. 1893 errichtete Edison in Menlo Park, New Jersey, das erste Filmstudio in Amerika, eine Teerhütte mit Namen »The Black Maria«, in der er bekannte Tänzer aufnahm. Die erste kommerzielle Vorführung dieser Filme fand 1894 in New York statt, seine Konkurrenten, die französischen Brüder Lumière, zeigten ihren ersten Film ein Jahr später in Paris.

Mit der Erfindung des Projektors begann der Siegeszug des neuen Mediums: Vorführer zogen durch das Land und begeisterten das Publikum. Edison baute sich nun ein Imperium auf, in dem er alles in der Hand hatte: Produktion, Vertrieb, Verleih und die Spielstätten.

The Academy Award of Merrit wurde erstmals 1929 verliehen, die begehrte Statuette, »Oscar«, ist nur 34,3 cm groß.

»And the Oscar goes to ...«
Mit den meisten Oscars wurden ausgezeichnet:
»Titanic«, 1997, James Cameron, 11 Oscars
»Ben Hur«, 1959, William Wyler, 11 Oscars
»Der Herr der Ringe III«, 2003, Peter Jackson, 11 Oscars
»Vom Winde verweht«, 1939, Victor Fleming, 10 Oscars
»West Side Story«, 1961, Robert Wise, 10 Oscars
»Der letzte Kaiser«, 1987, Bernardo Bertolucci, 9 Oscars
»Der englische Patient«, 1996, Anthony Minghella, 9 Oscars
»Gigi«, 1958, Vincente Minnelli, 9 Oscars
»Verdammt in alle Ewigkeit«, 1953, Fred Zinnemann, 8 Oscars
»Die Faust im Nacken«, 1954, Elia Kazan, 8 Oscars
»My Fair Lady«, 1964, George Cukor, 8 Oscars
»Amadeus«, 1984, Milos Forman, 8 Oscars
»Cabaret«, 1972, Bob Fosse, 8 Oscars

Diese sogenannten »Nickelodeons« boten im ganzen Land für einen Nickel (5 Cent) Sehvergnügen. Gegen seine Konkurrenten führte Edison mehrere hundert Prozesse, schließlich einigte man sich, und 1908 gründeten die sieben größten Produzenten die Motion Picture Patents Company (MPPC), auch Edison Trust genannt.

Edison war mit Tantiemen an allen produzierten Filmen beteiligt. Darüber hinaus hatte er einerseits den Zelluloidfilm-Hersteller Georg Eastman (Kodak) verpflichtet, ausschließlich Mitglieder der Company mit Filmmaterial zu versorgen, andererseits wurden Vertriebsgesellschaften, die mit Filmen anderer Produzenten handelten, nicht von MPPC beliefert.

Diese von MPPC ausgeschlossenen Produzenten wandten sich nach 1911 zunehmend gen Westen, nicht nur weil in Südkalifornien das Wetter und somit die Drehbedingungen besser waren, sie wollten dort arbeiten, wo ihnen die »Wasps«, die weißen angelsächsischen Protestanten, keine Steine in den Weg legen konnten. Die großen Studio-Herren der ersten Stunde Hollywoods waren allesamt Juden: Jesse Lasky, Adolph Zukor, Samuel Goldwyn, Carl Laemmle, Harry Cohn, die Brüder Harry, Albert, Sam und Jack Warner, Louis

B. Mayer. Ihre Waffe gegen den Edison Trust war Qualität – Filme, die spannende Geschichten erzählten und die künstlerischen Potenziale des Mediums entdeckten und ausbauten.

Den Anfang machte Edwin S. Porter (»Der große Eisenbahnraub«, 1903), sein Schüler David W. Griffith unternahm mit der Verwendung von Montagetechniken erste Schritte, eine künstlerische Sprache auszubilden und schrieb mit »Birth of a Nation« (1915) und »Intolerance« (1916) Filmgeschichte. Amerika hatte die europäische Filmindustrie um Längen überholt, den Film als Massenmedium entdeckt und vermarktet. Schon damals folgten europäische Künstler dem Lockruf Hollywoods wie die Briten Charlie Chaplin (u.a. »Der Vagabund«, 1916; »Lichter der Großstadt«, 1931; »Moderne Zeiten«, 1936; »Der große Diktator«, 1940) und Stan Laurel, der deutsche Regisseur Ernst Lubitsch und seine österreichischen Kollegen Josef von Sternberg und Erich von Stroheim. Es dauerte nicht lange, da beherrschten die großen Hollywood-Studios – Paramount, Universal, MGM, Twenties Century Fox – die Filmindustrie in ähnlich monopolistischer Weise wie einst der Edison Trust und es bildete sich die erste Gegenbewegung: 1919 gründeten Charles Chaplin, Mary Pickford, Douglas Fairbanks und David

Douglas Fairbanks, Mary Pickford, Charles Chaplin und David W. Griffith (von links nach rechts) gründeten 1919 United Artists.

W. Griffith die United Artists, eine Gesellschaft, die aus dem Vertrieb erzielte Gewinne den Künstlern zukommen ließ. United Artists produzierte nicht sehr viele Filme, feierte aber große Erfolge, z. B. mit Chaplins »Goldrausch« (1925), und war eine wichtige Anlaufstelle für unabhängige Produzenten.

Schon in der Stummfilmzeit fand der amerikanische Film seine Sprache, seine Schauplätze und seine Genres: Abenteuer-, Dokumentar-, Historien-, Horror- und Monumentalfilm, Krimi, Slapstick und Western. Themen wie die Besiedlung des Landes und der Pioniergeist machen den Western zu einem uramerikanischen Genre, als dessen erster Film »Der große Eisenbahnraub« gilt. Die Handlung der Filme basierte meist auf Mythen und Legenden, Helden und Schurken waren eindeutig auszumachen. Seine große Zeit erlebte der Western allerdings erst in den 1950er Jahren mit Filmen wie »High Noon« (1952; R.: Fred Zinnemann; mit Garry Cooper und Grace Kelly), »Der schwarze Falke« (1956; R.: John Ford; mit John Wayne), »Vierzig Gewehre« (1957; R.: Samuel Fuller; mit Barbara Stanwyck) und »Alamo« (1960; R.: John Wayne). Gegen Ende der 1960er Jahre begann die Ära des New Hollywood, das mit Filmen wie »The Wild Bunch« (1969; R.: Sam Peckinpah) und »Little Big Man« (1970; R.: Arthur Penn; mit Gregory Peck) die Konventionen des Genres hinterfragte und eine neue Bildästhetik entwickelte. Oft totgesagt, verliehen in den 1990er Jahren die Neowestern wie »Der mit dem Wolf tanzt« (1990; R.: Kevin Costner) und »Erbarmungslos« (1992; R.: Clint Eastwood) dem Genre ein neues Gesicht. Ang Lee bricht das Tabu Homosexualität und thematisiert es erstmals offen in »Brokeback Mountain« (2005).

Auch die Filmkomödie nimmt in der Stummfilm-Zeit ihren Anfang. Die Tücke des Details und nahezu artistisch mit dem Körper zum Ausdruck gebrachte Komik kennzeichnen den Slapstick etwa in Mack Sennetts Kurzfilm-Reihe »Keystone Cops« (1912-17). Zu den Helden dieses Genres gehörten neben Charlie Chaplin

Buster Keaton (»Der Navigator«, 1924), Harold Lloyd (»Ausgerechnet Wolkenkratzer«, 1923), das ungleiche Paar Stan Laurel und Oliver Hardy (»The Music Box« erhielt 1932 einen Oscar) und die Marx-Brothers (u. a. »Die Marx-Brothers im Krieg«, 1933; »Die Marx-Brothers in der Oper«, 1935). Bei den Screwball Comedys, etwa »Ärger im Paradies« (1932; R.: Ernst Lubitsch) oder »Der große McGinty« (1940; R.: Preston Sturges) ist die Komik auf die Personen bezogen. Auch Billy Wilder, der in vielen Filmen sein dramatisches Talent unter Beweis stellte und mit Preisen überhäuft wurde, arbeitete mit Elementen der Screwball Comedy. Besonders in Erinnerung bleiben wohl seine Filmkomödien »Manche mögen's heiß« (1959; Marilyn Monroe und Jack Lemmon erhielten einen Oskar) und »Das Appartement« (1960). Auch die Komödien um das Filmpaar Doris Day und Rock Hudson haben sich ein Millionenpublikum erobert; für »Bettgeflüster« (1959) erhielt Doris Day einen Oscar. Danach haben Jerry Lewis, Woody Allan, Steve Martin, Bill Murray, allesamt Schauspieler, Komödianten und Produzenten in Personalunion, sowie Jim Carrey und der Rapper Will Smith dem Genre neue Impulse gegeben.

Hollywood – nichts verkörpert die Traumfabrik und ihr Starsystem so wie die Liebesfilme. Mit »Vom Winde verweht« (1939; R.: Victor Fleming; mit Vivien Leigh und Clarke Gable), »Casablanca« (1942; R.: Michael Curtiz; mit Ingrid Bergmann und Humphrey Bogart), »Ein Herz und eine Krone« (1953; R.: William Wyler; mit Audrey Hepburn und Gregory Peck), »Dr. Schiwago« (1965; mit Julie Christie und Omar Sharif), »Love Story« (1970; mit Ali McGraw und Ryan O'Neal), »Pretty Woman« (1990; mit Julia Roberts und Richard Gere) und »Titanic« (1997; mit Leonardo di Caprio und Kate Winslet) spielten sich weltweit mit jedem Jahrzehnt neue Hollywood-Traumpaare in die Herzen ihres internationalen Publikums.

Zu den wichtigsten Regisseuren, die den Film um zahlreiche Ideen bereichert haben und die ihre Karriere in den 1930er Jahren begannen, gehören Orson Wells

»Vom Winde verweht« ist der bis heute erfolgreichste Film der Filmgeschichte.

und Alfred Hitchcock. Wells, der auch als Schauspieler bekannt war, hatte durch das Hörspiel »Krieg der Welten« auf sich aufmerksam gemacht. Unter seiner Regie wurde »Citizen Kane« (1941), das komplexe Charakterporträt eines Multimillionärs, ein Höhepunkt der Filmkunst, der regelmäßig zum besten Film aller Zeiten gekürt wird. Viele von Wells' Projekten wurden nicht realisiert. Anders bei Alfred Hitchcock. Seit 1939 in den USA, begann er sofort, an seinen ersten Filmen zu arbeiten und hinterließ ein umfangreiches und vielschichtiges Werk. Zu den Höhepunkten zählen: »Spellbound« (1945), »Bei Anruf Mord«, »Das Fenster zum Hof« (beide 1954), »Psycho« (1960) und »Die Vögel« (1963).

1960 wurden kritische Stimmen gegen Hollywood laut. Eine Gruppe Filmemacher in New York schloss sich zur New American Cinema Group zusammen und schuf mit der Filmmaker's Cooperative eine eigenständige Verleihorganisation für Independent- und Avantgarde-Filme. Billige Massenware zu produzieren lautete bereits seit Mitte der fünfziger Jahre die Devise, die sogenannten B-Movies in der Tradition Jack Arnolds hatten Konjunktur, unter denen Roger Corman und seine AIP (American International Pictures) insofern eine besondere Rolle einnahmen, als sie neue Genres wie den Drogen- und den Motorradfilm einführten und damit einige Neuerungen aus Dennis Hoppers »Easy Rider« (1969; mit Peter Fonda und Jack Nicholson) vorwegnahmen. Dieser Film gilt aus Ausgangspunkt für die Filme einer neuen Generation von Filmemachern, die als »New Hollywood« bezeichnet werden. Mike Nicols (»Die Reifeprüfung, 1967), Roman Polanski (»Rosemaries Baby«, 1968; »Chinatown«, 1974), Robert

Altman (»M*A*S*H«, 1970; »Nashville«, 1975), Francis Ford Coppola (»Der Pate«, 1972), George Lucas (»American Graffiti, 1973«; »Krieg der Sterne«-Saga), Steven Spielberg (»Der weiße Hai, 1975; »Indiana Jones, 1981; »E.T., 1982), Martin Scorsese (»Taxi Driver«, 1976; »Wie ein wilder Stier«, 1980), Milos Forman (»Einer flog über das Kuckucksnest«, 1975), John Carpenter (»Halloween – Die Nacht des Grauens«, 1978) und Sydney Pollack (»Tootsie«, 1982) waren zwar auch Teil des Studiosystems, brachten aber frischen Wind in die Traumfabrik und behandelten nach den biederen 1950er Jahren nun u. a. auch wieder gesellschaftskritische Themen.

Unter den Autorenfilmern stechen John Cassavetes (»Schatten«, 1958; »Eine Frau unter Einfluss«, 1974) und Stanley Kubrick (»2001: Odyssee im Weltall«, 1968; »Uhrwerk Orange«, 1971) hervor. Cassavetes Ideen, das Sundance Film-Festival, das Ende der 1970er Jahre in Utah gegründet wurde und sich unabhängigen Filmproduktionen verschrieben hat, sowie neue, preiswerte Technologien motivierten junge Filmemacher zu Low-Budget-Filmen jenseits der großen Filmstudios. Zu diesen Independent-Filmemachern gehören u.a. Jim Jarmusch (»Stranger than Paradise«, 1982), Spike Lee (»She's gotta have it«, 1986), Protagonist des New Black Cinema, das nach einem kurzen Auftauchen in den 1990er Jahren wieder verschwand, Hal Hartley (»Unbelievable Truth«, 1989; »Simple Men«, 1992) sowie Ethan und Joel Coen (»Blood Simple«, 1984). David Fincher (»Sieben«, 1994), Steven Soderbergh (»Sex, Lügen und Video«, 1989), Quentin Tarrantino (»Pulp Fiction«, 1994) und Sofia Coppola (»Lost in Translation«, 2004) gehören zur viel versprechenden jüngeren Generation von US-Filmemachern.

Seit der Stummfilmzeit werden Superlative festgestellt und verkündet. Während Griffiths »The Birth of a Nation« als erfolgreichster Film aller Zeiten in den USA gilt, überschritt der Nachfolgefilm »Intolerance« bereits 1916 ein Budget von über einer Million Dollar, wurde aber ein Flop. Seitdem sind die Grenzen für die Produktion von Monumental-, Action-, Fantasy- und Science-Fiction-Filmen nach oben offen, nicht zuletzt deshalb, weil sie neue, teure Techniken einsetzen und einen ungeheuren Aufwand an Material und/oder Menschen erfordern: »King Kong und die weiße Frau« (1933) leitete mit zahlreichen Spezialeffekten eine neue Ära der Filmproduktion ein, »Vom Winde verweht« gilt bis heute als kommerziell erfolgreichster Film aller Zeiten, »Ben Hur« (1959; R.: William Wyler) setzte erstmals die Blue-Screen-Technik ein und »Cleopatra« (1963; R.: Joseph L. Mankiewicz; mit Elizabeth Taylor und Richard Burton) ist der teuerste Film in der Filmgeschichte bisher. George Lucas legte in den späten 1970er Jahren in seiner »Starwars«-Trilogie (Teil IV-VI; 1977–83) den Grundstein für den Einsatz neuer digitaler Techniken, die seitdem zunehmend verfeinert werden und die Produktionskosten in die Höhe treiben: James Camerons »Terminator 2« (1991; mit Arnold Schwarzenegger) durchbrach erstmals das Budget von 100 Mio. Dollar, »Titanic« die 200-Mio.-Dollargrenze. »Fluch der Karibik 3« (2007; R.: Gore Verbinski; mit Johnny Depp) kostete mehr als 300 Mio. Dollar. Dabei ist kaum noch zu unterscheiden, welche Teile computeranimiert und welche real gefilmt sind. Folglich wird auch der Animationsfilm immer realistischer: Comicfiguren bewegen sich wie reale Wesen über die Leinwand (»Spiderman« 1–3, 2002–07, »Hulk«, 2003) oder drängen sich, in ihrer ursprünglichen Figur verhaftet, in die Welt der Menschen (»Falsches Spiel mit Roger Rabbit«, 1988). Als Sinnbild des Animationsfilms galt lange Walt Disney Productions. 1923 von den Brüdern Roy und Walt Disney gegründet, hatte die Firma so populäre Figuren wie Mickey und Minnie Mouse, Donald Duck, Goofy und Pluto entwickelt. Der große Erfolg der Kurzfilme ließ Walt Disney mit »Schneewittchen und die sieben Zwerge« 1937 einen Langfilm produzieren, der einen Oscar erhielt. Es folgten u.a. »Fantasia« (1940), »Cinderella«

(1950) und »Das Dschungelbuch« (1967) sowie Dokumentarfilme. Im Laufe der Jahre schrumpfte das Interesse am Disney-Stil jedoch und erst mit »Findet Nemo« fand man 2003 in Kooperation mit Pixar wieder zu einer erfolgreichen Bildästhetik. 1955 eröffnete Disneyland in Anaheim, Kalifornien, dem im Laufe der Jahre weltweit Ableger folgten.

Gezeichnete Helden

Zwei Jahre nach dem Leinwanddebüt im Januar 1930 erschien der erste Mickey-Mouse-Comic in amerikanischen Tageszeitungen. Ergänzt wurde das Universum der Maus 1938 um die Ente Donald Duck, die ebenfalls sehr erfolgreich wurde. Weitere bekannte Comics dieser Zeit waren »Popeye« (1929) und »Blondie« (1933). 1938 wurde im Verlag »DC« mit der Einführung von »Superman« das Genre der »Superhelden« geboren. Bereits im darauf folgenden Jahr gründete sich der zweite bedeutende Verlag, »Marvel Comics«, der seine größten Erfolge mit dem innovativ gezeichneten »Captain America« feierte, dem in den 1960er Jahren u.a. »Die Fantastischen Vier«, »Hulk« und »Spider-Man« folgten.

Die Nachfrage an witzig-unterhaltenden Stoffen konnte in den 1950er Jahren Charles M. Schulz mit seinen »Peanuts« bedienen. Die Figuren fanden großen Anklang bei Kindern und Erwachsenen und waren auch so angelegt. In den 1960er Jahren dann richteten sich die Underground-Comix mit Figuren wie Robert Crumbs »Zap« oder »Fritz, the Cat«, in denen die Gesellschaft beleuchtet, deren Widersprüche eingefangen und genregemäß thematisiert wurden, ausschließlich an ein erwachsenes Publikum.

1992 erhielt Art Spiegelmans »Maus – Die Geschichte eines Überlebenden« als erster Comic den Pulitzer-Preis. Die Auszeichnung für die Umsetzung der Erlebnisse seines Vaters in Auschwitz hat wesentlich zur Anerkennung der Comics als eigenständige Kunstform beigetragen.

Walt Disneys Mickey Mouse erobert seit den 1920er Jahren Amerika und die Welt, nicht zuletzt deshalb, weil Walt Disney Productions die Figur zu einer Marke aufbaute und Lizenzen für das Merchandising vergab. Innerhalb weniger Jahre entwickelte sich daraus ein Millionengeschäft.

Der Broadway: Theater und Musical

Was Hollywood für das Kino, ist der Broadway für das Theater. Seit dem 19. Jh. entwickelte sich diese »Theatermeile« in New York, auf der ungefähr 30 Theater mit etwa 1000 Plätzen um die Gunst des middle-class-Publikums buhlen. Da die Theater nicht subventioniert werden, müssen sie sich aus eigenen Mitteln finanzieren. Das erklärt nicht nur, warum vornehmlich seichte Unterhaltung angeboten wird, sondern auch, warum erfolgreiche Stücke über Jahre hinweg im gleichen Theater aufgeführt werden. Dieses sogenannte long-run-system kam bereits in den Anfangsjahren des Broadway auf.

Trotz des finanziellen Drucks wurden auf dem Broadway während seiner Glanzzeit in den 1930er bis 60er Jahren auch inhaltlich anspruchsvolle Sprechtheaterstücke von Tennessee Williams, Thornton Wilder, Eugene O'Neill und Arthur Miller aufgeführt. Das steigende Bedürfnis nach leichter Unterhaltung drängte aber schon in den 1940er und 50er Jahren das Sprechtheater allmählich in den Hintergrund – der Siegeszug des Musicals begann. Für beide Theaterformen entwickelten sich als Alternative zu dieser Kommerzialisierung die Off-Broadway-Theater. Etwas Abseits des großen Boulevard werden hier in kleineren Häusern unaufwendigere und anspruchsvollere Stücke aufgeführt. Moderne Sprechtheaterinszenierungen und Dramen haben hier ihren festen Platz gefunden. Der Off-Broadway gilt allerdings auch als Sprungbrett für den Broadway. Experimenteller und politischer, aber meist weniger professionell geht es am Off-Off-Broadway zu, wo Aufführungen nicht selten zum Happening werden.

Heute werden die Broadway-Theater von Musicalaufführungen dominiert, jener amerikanischen Variante der Operette mit einer dramatischen Handlung, eingängigen Melodien, flotten Tanznummern und einer bis ins Letzte perfekten, erstklassig besetzten Inszenierung. Zu den Klassikern des Musicals zählen »Showboat« (1928) und »Oklahoma« (1943), sowie in der Nachkriegs-

Leonard Bernstein
1958 wurde der Posten des Chefdirigenten des berühmten, 1842 gegründeten New York Philharmonic Orchestra erstmals von einem gebürtigen Amerikaner besetzt: Leonard Bernstein. Dessen Karriere hatte am 14. November 1943 in der Carnegie Hall begonnen, als der damals 25-Jährige ohne zu proben für Artur Rodzinski einsprang, der wegen heftiger Schneefälle nicht anreisen konnte. Das Konzert wurde eine Sensation und am nächsten Tag kannte ganz Amerika Leonard Bernstein, das »amerikanische Wunderkind«.

Damit begann seine steile Karriere; nicht nur in New York und den USA, auch Europa nahm den charismatischen, vor Energie sprühenden Mann begeistert auf. Er war der erste Amerikaner, dem alle großen Häuser auf dem alten Kontinent offenstanden. Bernstein war ein musikalisches Multitalent: Dirigent, Pianist, Komponist, Musikschriftsteller und Pädagoge. Er selbst verstand sich in erster Linie als Komponist und war dabei in allen Genres zu Hause: Symphonie, Oper, Musical, Ballett, Chormusik, geistliche Werke, Bühnen- und Filmmusik, Lied. Die in Europa übliche Trennung in Unterhaltungs- und Ernste Musik lehnte er ab und mischte die unterschiedlichsten Stilelemente aus Volks- und Tanzmusik, Jazz, Symphonic und Zwölftonmusik. Als sein Meisterwerk gilt das Musical »West Side Story«.

zeit u. a. »My Fair Lady« (1956), »West Side Story« (1957), »Hello Dolly« (1964) und in den 1970er Jahren erfolgreiche Stücke wie »Jesus Christ Superstar« (1971) und »A Chorus Line« (1975).

Viele Musicals basieren auf literarischen Vorlagen, heute greifen die Veranstalter wegen der in zweifache Millionenhöhe gestiegenen Produktionskosten – »Aida« (2000) verschlang offiziell 15 Mio. Dollar (tatsächlich sollen es 40 Mio. gewesen sein) – auch gerne auf Filmstoffe zurück, die bereits erfolgreich waren und dem Publikum bekannt sind. Flops sind teuer und die Investoren tun alles, um sie vermeiden. Marketingexperten und Marktanalysen sind fester Bestandteil jeder Produktion, man definiert die Zielgruppe nach Alter, Hautfarbe, Wohngegend und wenn die Show steht, durchläuft sie außerhalb von New York eine Reihe von Voraufführungen (Previews und Try-outs) und wird je nach Publikumsreaktion verändert. Erst dann ist das Musical bereit für seinen großen Broadway-Auftritt.

Zu den bekannten Komponisten, die sich diesem Genre widmeten, gehören Cole Porter, der über 40 Musicals schrieb, Oscar Hammerstein und Richard Rodgers. Und Leonard Bernstein. Nur einer distanzierte sich von der populären Operettenform: George Gershwin, der ausdrücklich darauf bestand, dass sein Werk »Porgy and Bess« kein Musical, sondern eine Oper sei.

Parallel zu den Bühnenshows entstanden die Filmmusicals. Schon mit dem ersten Tonfilm in Spielfilmformat, »The Jazzsinger« (1927), bildeten sie eine erhebliche, weil für das Publikum preisgünstige Konkurrenz. In den meisten Fällen adaptierten die Filme erfolgreiche Bühnenmusicals, mit »Singin' in the Rain« gelang der bekannteste Film des Genres, der erst später am Broadway aufgeführt wurde. Die Namen Fred Astaire, Judy Garland, Gene Kelly und Ginger Rogers stehen stellvertretend für die bis heute produktivste und erfolgreichste Zeit des Filmmusicals.

Tanz

Als Martha Graham 1926 in New York ihr erstes »Dance Recital« aufführte, war ihre Art des emotionalen und expressiven Tanzes in America etwas völlig Neues. Graham konnte sich, anders als ihre Kollegin Isadora Duncan, die auf Unverständnis gestoßen war und ihre Karriere in Europa weiterverfolgte, durchsetzen und ging als Begründerin des amerikanischen Modern Dance in die Geschichte ein, der sich allerdings in der Folge als allzu melodramatisch überlebte. Radikal Neues kam in den 1950er und 60er Jahren aus den USA. Während einer Aufführung von »Theatre Piece No. 1« 1952 am Black Mountain College, North Carolina, an dem u. a. der Choreograph und langjährige Partner von Graham, Merce Cunningham, und der Komponist John Cage teilnahmen, geschah bis dato Unmögliches: Der Tanz löste sich von seiner Begleiterin, der Musik, und definierte sich als unabhängig. Zu Ende gedacht wurde dieser theoretische Ansatz von einer Gruppe junger Avantgardistenten, zu der u.a. Yvonne Rainer und Steve Paxton gehörten. Die Mitglieder des 1962 in New York gegründeten Judson Dance Theater griffen die Forderung von John Cage auf, dass jeder Ton Musik sein könne, und schlossen, dass jede alltägliche Bewegung als Tanzbewegung ihre Gültigkeit habe. Damit war der Postmodern Dance entstanden und entwickelte bis in die Mitte der 1970er Jahre u.a. auch durch Choreografien von Lucinda Childs und Trisha Brown seine Stilmittel: Tänzer, die wie in sich gekehrt wirken und mit entspannter Körperhaltung schwierigste Bewegungsabläufe ausführen, Choreografien, die auf Kontaktimprovisation der Tänzer beruhen oder durch Wiederholungen bzw. Techniken wie »tracing« und »retracing« strukturiert werden.

Alvin Ailey, der sein American Dance Theatre 1958 gründete, kreierte einen eigenen Stil und arbeitete zunächst ausschließlich mit farbigen Tänzern: Er thematisierte seine afroamerikanische Herkunft, indem er Elemente des afrikanischen, klassischen und modernen Tanz miteinander verband.

Uramerikanisch ist der Stepptanz. Aus einer Mischung von irischen und schottischen Tänzen mit dem »body slapping« der Afroamerikaner hervorgegangen, entwickelte er sich parallel zur Jazzmusik vor allem in den Clubs von Harlem. Im »Apollo Theatre« und im »Cotton Club« inspirierten sich Jazzmusiker und Stepptänzer gegenseitig zu neuen Beats und Tanzschritten. Auch bei den Weißen sehr beliebt, wurde der Stepptanz zu einem festen Element der Musicalfilme. Seit den 1950er Jahren führten neue Tanz- und Musikstile dazu, dass sich Stepptanz und Jazzmusik eigenständig weiterentwickelten. In den 1990er Jahren bringt Savion Glover in dem Musical »Bring in Da Noise, Bring in Da Funk« (1995) Stepptanz erstmals mit Funkmusik zusammen. Die Rolle, die

Plakat zu »Born Happy«, einer Broadway-Show mit dem legendären Stepptänzer Bill Robinson.

ursprünglich der Tap Dance bei Jugendlichen eingenommen hatte, übernehmen heute Breakdance, Videoclipdancing und Hip Hop. Ersterer ist in den Slums und Ghettos der US-Städte entstanden und bringt akrobatische Elemente in den Tanz ein. Über das neue Medium der Musikvideos findet der Breakdance in den 1980er Jahren weite Verbreitung.

Jazz und Blues

Jazz ist eine uramerikanische, eigenständige Musik, »beats« und Improvisationen kannte die europäische Musik nicht. Aus Elementen der europäischen Musik (Instrumente, Harmonik), afrikanischen Rhythmen und einer christlich-religiös geprägten Musik, den Gospels und Spirituals, entstand der Jazz Ende des 19. Jh.s.

Sein Geburtsort ist New Orleans, eine Stadt, in der französische und spanische Einflüsse aufeinandertrafen, Menschen aus der Karibik und Südamerika und v.a. Afroamerikaner lebten. Der Musikstil, der sich aus dieser Mischung entwickelt hatte, wanderte mit der Great Migration (s. S. 70) in die Städte des Nordens, im New Yorker Harlem nahm ihn auch die weiße Boheme der 1920er Jahre begeistert auf. Weitere Zentren, in denen sich die Musik etablierte und teilweise eigene Varianten entwickelte, sind Memphis, St. Louis und Chicago. Zu den weltberühmten Pionieren der Musik gehören Duke Ellington und Louis Armstrong. Scott Joplin ist der bekannteste Vertreter des Ragtime, einer frühen Variante des Jazz. Eine Mischung aus New Orleans-, Chicago- und Harlem-Stil schuf den Dixieland-Stil, in den 1940er Jahren entwickelte sich der Bebop, der durch Charlie Parker und Dizzy Gillespie in die Welt getragen wurde. Unter all den bekannten Musikern, die der Jazz hervorgebracht hat, seien noch der Pianist Oscar Peterson, der Trompeter Miles Davis und die Sängerinnen Ella Fitzgerald, Billie Holiday und Nina Simone genannt.

Seit den 1920er Jahren hatte sich der Swing entwickelt, der bald wegen seiner Tanzbarkeit auch bei den

Der Jazztrompeter und -sänger Louis Daniel »Satchmo« Armstrong.

Weißen beliebt und von diesen adaptiert wurde. In den 1930er und 40er Jahren standen die Namen Benny Goodman und Glenn Miller für die Bigband-Variante dieses Stils, der ein wichtiger Schritt für die Entstehung der Popmusik war.

Bessy Smith, Robert Johnson, Muddy Waters, John Lee Hooker und B. B. King sind u. a. die großen Namen des Blues, der sich zur gleichen Zeit entwickelte wie der Jazz, dessen Augenmerk aber auch auf den Texten und gesungenen Geschichten liegt. In den 1940er Jahren war der rhythmisch stark akzentuierte Rhythm and Blues populär, aus dem Anfang der 1950er Jahre der Rock 'n' Roll und an deren Ende der Soul (Ray Charles, Aretha Franklin) hervorging.

Rock 'n' Roll

Noch immer pilgern Tausende Fans zum Grab von Elvis Presley nach Graceland in Memphis, Tennessee. Als er, nur 42 Jahre alt, am 16. August 1977 starb, löste die Nachricht weltweit Trauer aus, noch immer kursieren wilde Gerüchte, dass der »King« nicht tot sei.

Elvis Karriere begann 1953. In den Sun Studios in Memphis nahm er seine ersten Songs auf und machte den Produzent und Inhaber Sam Phillips auf sich aufmerksam. Als 1955 Bill Haleys »Rock Around the Clock«

»Wenn ich einen weißen Mann finden könnte, der die Stimme und das Einfühlungsvermögen eines Schwarzen hat, dann könnte ich eine Million Dollar machen«, hatte der Schallplattenproduzent Sam Phillips gesagt – diesen Mann hatte er in Elvis Presley gefunden. Drogenabhängig und übergewichtig faszinierte der Sänger auch kurz vor seinem Tod noch seine Fans, hier im Juli 1977 bei einem Auftritt.

erschien, ein Song, der bei Teenagern einschlug wie eine Bombe, hatten diese erstmals ihre eigene Musik. Mit seinem Auftritt bei einer Fernsehshow 1956 lieferte Elvis Presley die dazu passende Identifikationsfigur: Der Einsatz des gesamten Körpers beim Singen, der laszive Hüftschwung, die starke Rhythmisierung der Stücke – das war den braven Bürgern in den verklemmten 50er Jahren zuviel und rief blankes Entsetzen hervor – Elvis war ihnen zu »schwarz«. Andererseits durchlief der Junge aus armen Verhältnissen die amerikanische Traumkarriere und versetzte Millionen weißer Teenager in Hysterie. Elvis und der Rock 'n' Roll haben die Musiklandschaft in der westlichen Hemisphäre entscheidend verändert und geprägt. Dass die Jugend ihre eigene Musik hat, ist heute selbstverständlich, damals war es revolutionär.

Country, Folk und Rock

Banjo, Bass, Geige, Mandoline, Akkordeon oder Mundharmonika, Zither oder Steel Guitar sind die traditionellen Instrumente der Country-Musik, die unterschiedliche Musiktraditionen eingewanderter Volksgruppen aus Europa in sich vereint und zu deren bekanntesten Interpreten Johnny Cash, Emmylou Harris, Kris Kristofferson, Loretta Lynn, Willie Nelson, Dolly Parton, Kenny Rogers, Linda Ronstadt und Hank Williams gehören. In jüngerer Zeit gelingt es Bands wie den Dixie Chicks, die Country-Musik von ihrem konservativen Image zu befreien und in zeitgemäßem Gewand zu präsentieren.

Die Musik als Ausdrucksform der Jugend stand in den 1960er und frühen 70er Jahren für den politischen Aufbruch. Mit Texten, die das Lebensgefühl ihrer Generation spiegelten und Melodien, die sich bei Country, Blues und Rock 'n' Roll bedienten, vertraten Joan Baez und Bob Dylan an prominenter Stelle den Folk- und Protestsong. Unter dem Motto »Three days of peace and music« trat Joan Baez 1969 in Woodstock auf, dem legendären Musikfestival, das auch zum Meilenstein der Rockmusik wurde. Mit Janis Joplin, Jimi Hendrix, Creedence Clearwater Revival und Greatful Dead machte hier der Rock, eine Weiterentwicklung des Rock 'n' Roll, auf sich aufmerksam, der sich zunächst gegen die Kommerzialisierung der Musik wandte, dann aber auch kommerziell erfolgreiche Facetten hervorbrachte, die bis heute dadurch gekennzeichnet sind, dass die Stilmittel, auf die sie sich beziehen, erkennbar bleiben.

Disco, Pop und Hip Hop

Mitte der 1960er Jahre kam mit dem Funk (James Brown, George Clinton, Sly Stone) eine rhythmusbetonte, tanzbare Musik auf, aus der sich etwa zehn Jahre später die Disco-Musik entwickelte, ihrerseits Ursprung für die DJ- und Club-Kultur der 1980er (House-Musik) und 90er Jahre (Techno-Musik).

Für die Kommerzialisierung der Popmusik war die Gründung von MTV 1981 entscheidend. Die über den Fernsehsender ausgestrahlten Musikvideos waren »Gesamtkunstwerke« aus Musik, Choreografie und Filmkunst. Karrieren wie die von Michael Jackson, Madonna und Prince wurden wesentlich über dieses neue Medium gefördert; die Musiker wurden zu Idolen und Megastars, die sich weltweit ein Millionenpublikum eroberten.

Auch der lyrisch-rhythmische Sprechgesang (Rap) des Hip Hop und seine tänzerische Ausdrucksform (breakdance) wurde über den Musiksender populär. Hip Hop als Lebensstil, der sich in den 1970er Jahren in Harlem und in der Bronx bildete, hat mittlerweile weltweit diverse Stilrichtungen hervorgebracht.

Die Popikone Madonna hat sich in ihren Songs, Bühnenshows und Videoclips immer wieder neu erfunden.

Literatur – Auf der Suche nach der eigenen Sprache

Bei der Frage, wann die amerikanische Literatur sich vom europäischen Vorbild löste, findet man zwei Antworten: Für die Wissenschaftler liegt das Weimar Amerikas in Concord, Massachusetts, einem kleinen Ort vor Boston. Dort – in der ländlichen Umgebung, die den romantischen Idealen der Gruppe entsprach – lebten, arbeiteten, diskutierten, philosophierten Ralf Waldo Emerson, Henry David Thoreau, Margaret Fuller, Nathaniel Hawthorne u. a.

Die philosophisch-literarische Bewegung, die sie in den 1830er Jahren begründeten, heißt Transzendentalismus und gilt als erste »charakteristisch amerikanische Schule, in der sich der demokratische Freiheitsbegriff und der ethische Subjektivismus der Romantik auf eigenartige Weise verknüpfen.« (Schirmer/Esch)

Die zentrale Figur dieser Bewegung war Ralf Waldo Emerson. Egon Friedell nennt ihn in der »Kulturgeschichte der Neuzeit« den »Philosophen der ›neuen Welt‹«, sein Freund Henry David Thoreau erweckte Emersons theoretische Ideen zum Leben, zog sich mehr als zwei Jahre in eine Blockhütte am Walden Pond zurück und veröffentlichte seine Tagebuchaufzeichnungen: »Walden oder Leben in den Wäldern« (1854). Noch bedeutender ist ein zweites seiner Werke, das keinen Geringeren als Mahatma Gandhi beeinflusste: »Über die Pflicht zum Ungehorsam gegen den Staat« (1849), ein Traktat über die Pflicht, dem Staat den Gehorsam zu verweigern.

Andere bedeutende Literaten dieser Zeit fanden ihre Themen in der Vergangenheit und Gegenwart Neuenglands: Nathaniel Hawthrone (s. S. 160) setzte sich in seinen Romanen mit dem puritanischen Erbe auseinander, Herman Melvilles größtes Werk »Moby Dick« (1851) spielt an Bord eines Walfangschiffs (s. S. 61).

Die Literaturgeschichte, die dem europäischen Kanon folgt, ordnet den Transzendentalismus der Romantik zu und dort hat die Bewegung auch ihre Wurzeln – eine eigene Sprache und Form finden ihre Vertreter nicht.

Anders als der fernab der Gruppe lebende Edgar Allan Poe, der als Begründer der Kunstform Kurzgeschichte und Vater der modernen Kriminalliteratur gilt.

Doch Ernest Hemingway – selbst Autor – sieht nicht ihn als Wegbereiter der eigenständigen amerikanischen Literatur, sondern, und das zu Recht, Mark Twain. Der erste Literat, der nicht von der Ostküste stammte, sondern in dem winzigen Ort Florida in Missouri geboren wurde und in einem anderen winzigen Nest am Mississippi aufwuchs. Der erste, der die Sprache des Alltags als Stilmittel aufgreift und somit als Stammvater der amerikanischen Literatur gelten darf. Und als ihr Übervater: »Die ganze moderne amerikanische Literatur stammt von einem Buch ab, das ›Huckleberry Finn‹ heißt«, schrieb Hemingway. »Die ganze amerikanische Schriftstellerei kommt daher. Vorher gab es nichts. Danach hat es nichts gleich Gutes gegeben.«

Twains Erfolgsromane »Tom Sawyer« (1876) und »Huckleberry Finn« (1884) sind eine Auseinandersetzung mit der Doppelmoral und Verlogenheit seiner Zeitgenossen, Twain thematisiert Kindesmisshandlung, Sklaverei und Lynchjustiz.

Während Twain sich ganz auf Amerika einlässt, die großen und kleinen Schwächen seines Landes realis-

Die Geschichten von Tom Sawyer und Huckleberry Finn waren so beliebt, dass sie in den 1930er Jahren auch verfilmt wurden.

tisch und humorvoll schildert, sind seine Zeitgenossen Henry James und Edith Wharton Wanderer zwischen den Welten und Kommentatoren des Kontrasts zwischen dem alten Europa und dem neuen Amerika. Beide wurden in den USA geboren und erkoren England zu ihrer Heimat. Wharton, zu deren bekanntesten Werken »Zeit der Unschuld« (1920) zählt, kam aus einer New Yorker Familie mit »altem Geld« und empfand den Aufstieg der Neureichen, nur an Geschäft und Reichtum Interessierten, als kulturellen Verfall. Das Thema der Konfrontation der Sensiblen mit der Gefühllosigkeit der Menschen oder der Gesellschaft bildet vielfach den Hintergrund ihrer Erzählungen.

Das »internationale Thema« zieht sich auch durch das Werk von James. In »Der Amerikaner« (1877) ist sein Protagonist ein naiver, aber intelligenter Neureicher, dessen Ehepläne an der Arroganz der Briten scheitern, moralisch jedoch liegt die Überlegenheit auf seiner Seite. James, der in seinem Spätwerk den inneren Monolog einführt und die Handlung aus dem Blickwinkel der Romanfigur erzählt, gilt als Wegbereiter des modernen psychologischen Romans.

Völlig frei von europäischen Traditionen wandte sich Walt Whitman der Lyrik zu, »der erste, der die Welt Amerikas mit eigenen Akkorden besang«, wie Friedell schreibt. Seine 1855 erschienenen »Grashalme« sind Gedichte, »deren Poesie in ihrer Kraft und Ursprünglichkeit liegt … Sie schöpfen ihre Macht aus ihrem völlig neuen Ton und einer sehr erfrischenden Unbildung, die nichts von Hemmungen der Form und der Logik weiß.«

Missstände anprangern

Mit dem ausgehenden 19. Jh. verlor Neuengland seine dominante Rolle als Kulturzentrum, im Mittleren Westen entstand die »Chicago School of Poetry« (um Carl Sandburg) und New York, noch heute die größte Verlagsstadt der Welt, stieg zum Zentrum des Literatur-

Amerikanische Literaturnobelpreisträger

1930	Sinclair Lewis
1936	Eugene O' Neill
1938	Pearl S. Buck
1948	T. S. Eliot
1949	William Faulkner
1954	Ernest Hemingway
1962	John Steinbeck
1976	Saul Bellow
1978	Isaac Beshevis Singer
1987	Joseph Brodsky
1993	Toni Morrison

betriebs auf. Dort fanden die Schriftsteller in William Dean Howells einen Förderer und Freund, der ihnen als Herausgeber der Zeitschrift »Atlantic Monthly« Möglichkeiten zur Veröffentlichung bot.

In den Jahren des Umbruchs, den die rasante Industrialisierung und das Gilded Age (s. S. 70) brachten, setzten sich viele Schriftsteller kritisch mit den politischen und gesellschaftlichen Verhältnissen auseinander. So beschreibt z. B. Howells in »The Rise of Silas Lapham« (1885) den Aufstieg und Fall eines korrupten Business Tycoons. O. Henry, der Großmeister der Kurzgeschichte, findet seine Figuren unter den kleinen Leuten New Yorks, die zum Leben zu wenig und zum Sterben zu viel haben, und dann noch einen zusätzLichen Schicksalsschlag erleiden – beispielhaft: »The Last Leaf« (1907). Er versöhnt aber meist, in dem er eine überraschende Wendung findet und die Geschichten gut ausgehen lässt.

Theodore Dreiser thematisiert in »Eine amerikanische Tragödie« (1925) das Scheitern des amerikanischen Traumes und der Kommunist Upton Sinclair schildert in »Der Sumpf« (1906) die grauenvollen Arbeitsbedingungen in den Schlachthöfen (s. S. 72) derart drastisch, dass sich die Verantwortlichen zum Handeln gezwungen sahen. Sozialistische Ideen prägen auch die Werke von Jack London und Sinclair Lewis, der in »Babbit« (1922) und »Dr. med. Arrowsmith« (1925) die bigotte Verlogenheit des Kleinbürgertums und die Scharlatanerie der Medizin anprangert. Als erster Amerikaner erhielt er 1930 den Literaturnobelpreis und nützte die Gelegenheit, um bei seiner Rede auf seinen jungen Kollegen Thomas Wolfe und dessen Werk »Schau heimwärts, Engel« (1929) aufmerksam zu machen.

Die »Verlorene Generation«

»Mit Gertrude Stein beginnt die amerikanische Prosa des 20. Jh.s. Bis zu ihr reicht Henry James, auf sie folgen Sherwood Anderson, Fitzgerald, Hemingway und all jene, die wiederum auf diese folgen«, schrieb der Literaturkritiker Walter Boehlich. »Gertrude Stein hat die Sprache, die sie vorfand, in ihre Elemente zerlegt, die Worte auf ihre einfachsten und eindeutigsten Inhalte zurückgeführt, die gebräuchliche Syntax beiseite geräumt, der vorgeschriebenen Zeichensetzung den Abschied gegeben und dann ganz neu begonnen, mit etwas unerhört Künstlichem und gleichzeitig Natürlichem.«

Gertrude Stein wurde 1874 in Pennsylvania in eine »sehr achtbare bürgerliche Familie«, wie sie schreibt, hineingeboren und ließ sich 1903 in Paris nieder, wo sie bis zu ihrem Tod 1946 lebte, ihr Hauptwerk »The Making of Americans« erschien 1925.

Der Salon, den »die Mutter der Moderne« kurz nach ihrer Ankunft in Paris eröffnete, wurde zum Zentrum der Literaten und Maler aus Europa und Übersee, ein Forum für künstlerischen und politischen Ideenaustausch zwischen den beiden Welten. Gertrude Stein war mit Pablo Picasso befreundet und förderte damals noch unbekannte Künstler wie Claude Monet und Paul Gauguin. In ihrem Haus in der Rue de Fleurus 27 verkehrten alle amerikanischen Literaten, die Europa bereisten. Nach dem Ersten Weltkrieg änderte sich der Kreis um Gertrude Stein und ihre Lebensgefährtin Alice B. Toklas, nun kam die jungen, vom Krieg geprägten Schriftsteller – Ernest Hemingway, Ezra Pound, Paul Bowles, T. S. Eliot, Thornton Wilder, Sherwood Anderson, Louis Bromfield, F. Scott Fitzgerald, John Reed, Edith Sitwell, John Dos Passos –, die »Lost Generation«, wie Stein sie nannte.

Der Grundtenor der Literaten der Lost Generation ist düster, ihre Helden sind einsam, dem Schicksal ausgeliefert. Scott Fitzgerald fasste die Stimmung jener Zeit in den Worten zusammen, dass »da eine Generation war ..., die aufwuchs, um herauszufinden, dass alle Götter tot, alle Kriege gefochten und jeder Glaube in die Menschheit zerstört war«.

Es hatte seinen Grund, dass die Schriftsteller scharenweise nach Europa fuhren, die Stimmung, die in den »Roaring Twenties« (s. S. 78) in den USA herrschte, entsprach nicht der ihren. Obwohl es auch dort einen »Salon« gab, in dem sich schreibende Intellektuelle trafen, die es schafften, ihre Kritik dem herrschenden Lebensgefühl anzupassen. Witzig, schnell, hart, sarkastisch. Eine Pointe jagte die andere, wenn die Mitglieder der Algonquin-Runde in dem gleichnamigen Hotel an der 44th street in New York zusammenkamen – und das taten sie in den Jahren von 1919 bis 1929 jeden Tag zur Mittagszeit. Zum festen Kreis gehörten Journalisten wie Robert Benchley und der »New York Times«-Theaterkritiker Alexander Woollcott, der Bühnen- und Drehbuchautor George S. Kaufman, Harold Ross, der Herausgeber des »New Yorker«. Und die in allen schreiberischen Genres brillierende Dorothy Parker, die in den 1920er und 1930er Jahren als die geistreichste Frau Amerikas galt, geliebt und gefürchtet wegen ihres Sarkasmus und ihrer Spottverse, die, Mittags entstanden, am nächsten Tag in den Zeitungen standen.

Sie war der Star der Runde, das Algonquin ein Magnet, der berühmte Theater- und Filmleute aus dem ganzen Land anzog, die sporadisch zur Runde stießen wie Harpo Marx und Douglas Fairbanks oder Schriftsteller wie Edna Ferber und James Thurber.

Im Sommer bot sich den Malern und Literaten ein Refugium in Provincetown auf der Halbinsel Cape Cod,

Edward Hopper, *Früher Sonntagmorgen,* 1930, Öl auf Leinwand, 89 x 152 cm, Whitney Museum of American Art, New York. In der Sommerfrische von Provincetown, einer Künstler-Kolonie für Literaten und Maler auf Cape Cod, verfolgte Edward Hopper die Tradition des amerikanischen Realismus. Sein Thema ist die Einsamkeit des Menschen in der Großstadt.

Massachusetts. Dort etablierte sich die bedeutendste Künstler-Kolonie der USA, der Maler Edward Hopper fand hier viele seiner Motive und das spezielle Licht, das seine Werke kennzeichnet. Seine Kollegen – u. a. Charles Demuth, Stuart Davis, Ben Shahn – genossen die kreative Sommerfrische ebenso wie die Schriftsteller Sinclair Lewis, John Dos Passos, Norman Mailer, Tennessee Williams. Im Provincetown Playhouse erlebte ein Großteil der Stücke des Dramatikers Eugene O'Neill (1888–1953), der 1936 für sein Werk mit dem Nobelpreis ausgezeichnet wurde, ihre Uraufführung. 1916 zog die Truppe nach New York und eröffnete im Village das Provincetown Theater, für O'Neill das Sprungbrett zum Broadway, wo seine Stücke wie »Jenseits vom Horizont« (1920) oder »Trauer muss Elektra tragen« (1931) große Erfolge feierten.

Mittlerweile hatte auch der Süden seinen literarischen Ton und mit William Faulkner seinen Protagonisten der Lost Generation gefunden. Sein Thema ist der Niedergang des Alten Südens, zu seinen bekanntesten Werken gehören u. a. das von James Joyce beeinflusste »Schall und Wahn« (1929) und »Als ich im Sterben lag« (1930). Faulkner, der 1949 den Nobelpreis erhielt, erarbeite auch Drehbücher, z. B. das für »Tote schlafen fest« nach der Vorlage von Raymond Chandler, der die Figur des melancholischen Privatdetektivs Philip Marlowe schuf und neben Dashiell Hammett, der u. a. »Der Malteser

Falke« (1930) schrieb, zu den großen Krimiautoren dieser Zeit gehört.

Faulkner setzt sich auch mit dem Bürgerkrieg in realistischer, schonungsloser Weise auseinander, anders als Margaret Mitchell, die mit »Vom Winde verweht« (1936) ein verklärtes Bild des Alten Süden schuf und damit einen Welterfolg (28 Mio. verkaufte Bücher) erzielte.

In den Jahren der Depression und des Krieges fand die Lost Generation neue Themen: John Steinbeck schrieb zwei seiner größten, von tiefer Menschlichkeit geprägten Werke über die Wanderarbeiter, die Oklahoma wegen der Dürre verlassen mussten und auf der Suche nach Jobs durch Kalifornien zogen: die Novelle »Von Mäusen und Menschen« (1937) und den Roman »Früchte des Zorns« (1939), für den er 1962 den Nobelpreis erhielt.

Ernest Hemingway, der Macho-Literat – Jäger, Stierkampffreund und Hochseefischer, der als Kriegsberichterstatter auf jedem Schauplatz zu finden war und seine Erfahrungen zu Papier brachte, u. a. in »In einem anderen Land« (1929, Erster Weltkrieg) und »Wem die Stunde schlägt« (1940, Spanischer Bürgerkrieg) – hatte die Auszeichnung bereits 1953 für »Der alte Mann und das Meer« (1952) erhalten. Mit Hemingway zog ein journalistischer Ton in die Literatur ein, besonders »Fiesta« (1926), ein Roman über die Nachkriegsgeneration in Europa, wurde zum Kultbuch der jungen Schriftsteller.

Auf den Bühnen des Landes fand in den 1940er Jahren Welttheater statt: 1944 wurde in Chicago »Die Glasmenagerie« von Tennessee Williams aufgeführt, drei Jahre später feierte der Autor mit »Endstation Sehnsucht« in New York Erfolge. Williams Dramen spielen in den Südstaaten und zeigen Charaktere, die psychisch labil und überspannt sind und letztlich an ihrem Realitätsverlust zerbrechen. Weit sozialkritischer in seinem Ansatz ist Ar-

John Steinbeck (1902–1968). Für seinen Roman »Die Früchte des Zorns« erhielt er 1962 den Literaturnobelpreis, »Jenseits von Eden« ist sein beliebtester Roman, wohl auch wegen Elia Kazans Verfilmung mit James Dean in der Hauptrolle.

thur Miller, der als der wichtigste gesellschaftspolitische Dramatiker der neueren Zeit gilt. Sein Stück »Tod eines Handlungsreisenden«, 1949 uraufgeführt, lief mehr als 21 Monate lang am Broadway und wurde zweimal verfilmt. Es erzählt die Geschichte des Willy Loman, des kleinen Mannes, dessen »amerikanischer Traum« sich als perfekt kaschierte Lebenslüge erweist. Miller war bis zu seinem Tod präsent und aktiv, ein Mann, der sich politisch einmischte und unbequeme Wahrheiten aussprach, einer der großen Intellektuellen Amerikas.

Harlem Renaissance

Nach der Great Migration (s. S. 70) erlebte Harlem seine glanzvollste Zeit, die als »Harlem Renaissance« in die Kulturgeschichte eingehen sollte. Schwarze Schriftsteller, Maler, Schauspieler und Musiker aus dem ganzen Land strömten in das New Yorker Viertel und die vergnügungssüchtige weiße Boheme der »Roaring Twenties« folgte ihnen. Der afroamerikanische Autor Langston Hughes schreibt in seiner Autobiografie »The Big Sea« (1940), es habe keine Harlemer Künstler-Party gegeben, bei der man nicht bekannte weiße Persönlichkeiten wie z. B. George Gershwin getroffen habe.

Werke wie W. E. B. DuBois »Die Seelen der Schwarzen« (1903) hatten den Schwarzen den Weg zu ihrer eigenständigen Kultur gewiesen. Ihr neues Selbstbewusstsein manifestierte sich in dem Begriff »New Negro« – Titel eines 1925 erschienenen Buches von Alain LeRoy Locke: der stolze, sich seines reichen kulturellen Erbes bewusste Afroamerikaner. Zu den zentralen Figuren im Harlemer Literatenkreis gehörte auch die Autorin und Frauenrechtlerin Zora Neale Hurston, die in »Und ihre Augen schauten Gott« (1937) das Leben der schwarzen Landarbeiter schildert.

Über die gesellschaftliche Rolle der Kunst waren sich die Intellektuellen, die in Harlem debattierten, nicht einig. Konnte sie helfen, Schranken zu überwinden? Gab es überhaupt eine »schwarze« Kunst und wenn ja, welcher Mittel durfte sie sich bedienen? Sollte man sich auf seine afrikanischen Wurzeln besinnen oder eine afroamerikanische Identität finden? Diskussionsstoff genug für heiße Harlemer Nächte.

Von der Nachkriegszeit bis zur Gegenwart

»Downtown Manhattan, clear winter noon, and I've been up all night, talking, talking, reading the Kaddish aloud, listening to Ray Charles blues shout blind on the phonograph ...« so beginnt eines der grandiosesten Gedichte von Allen Ginsberg, das nach dem jüdischen Totengebet »Kaddish« benannt ist und zwischen 1957 und 59 entstand. Ginsbergs Lyrik ist stark auf akustische Wirkung angelegt, rhythmisierte Wortfluten, hemmungslos, zornig, ein Geheul der Revolte, ein Abgesang auf die moderne Welt und ihre Werte.

Ginsberg schockierte, nicht nur durch seine Werke. Er war auch politisch aktiv, kämpfte gegen den Vietnamkrieg, stritt für die Rechte der Homosexuellen. Wie die anderen Vertreter der Beat-Generation, deren zentrale Figur er war, konsumierte er Drogen und machte daraus kein Hehl und suchte Bewusstseinserweiterung auf ausgedehnten Reisen.

Mobilität gehörte zum Lebensstil der Beatniks der 1940er und 50er Jahre, die Poeten, u. a. Jack Kerouac und William S. Burroughs, pendelten zwischen San Francisco und New York, Lateinamerika, Europa und Nordafrika – Jack Kerouac zeichnet ein drastisches Bild der Rastlosigkeit und rauschhaften, letztlich ziellosen Suche in seinem Roman »Unterwegs« (1957). Sein Buch wurde Kult, ebenso wie J. D. Salingers »Der Fänger im Roggen« (1951). Großen Einfluss in diesen Jahren hatte Henry Miller, der die Gesellschaft durch seinen freizügigen Umgang mit Sexualität schockte.

Der Pulitzer-Preiträgerin Toni Morrison wurde als erste Afroamerikanerin 1993 der Literatur-Nobelpreis für ihr Gesamtwerk verliehen.

Die 1950er und 1960er Jahre waren die Zeit des Experimentierens und der politischen Umbrüche, die auch in der Literatur ihren Niederschlag fanden. Afroamerikaner, Frauen und Homosexuelle thematisierten in ihren Werken ihre gesellschaftliche Realität, die Angehörigen der sogenannten Minderheiten eroberten den literarischen Markt wie z. B. der Schwarze James Baldwin, die jüdischen Autoren Saul Bellow oder Isaac B. Singer, beide Nobelpreisträger. 1993 ging die Auszeichnung erstmals an eine Afroamerikanerin: Toni Morrison. Die erste Afroamerikanerin, die den Pulitzer-Preis erhielt, war 1983 Alice Walker für ihren Roman »Die Farbe Lila«. Etwa ab Mitte der 1980er Jahre wird die Literatur wieder unpolitischer – Ausnahme: die großartige Essayistin und unbequeme Stimme des »anderen Amerika« Susan Sontag. Bestsellerautoren wie Stephen King, der mit seinen Gruselgeschichten ein Weltpublikum erreicht, oder John Grisham feiern international Erfolge. Zu denen, die vielleicht noch Literaturgeschichte schreiben werden, gehören Paul Auster, T. C. Boyle, Jonathan Franzen, John Irving, Joyce Carol Oates, Philip Roth und John Updike.

Malerei

Auch wenn sie ihre eigenen Themen fand – die weiten, unberührten Landschaften (Hudson River School unter Thomas Cole), die Welt der Indianer (George Catlin) und den Wilden Westen (Frederic Remington) –, so blieb die amerikanische Malerei bis in die zweite Hälfte des 20. Jh.s abhängig von Europa. Doch nicht alles, was aus der Alten Welt kam, wurde positiv aufgenommen. Die in New York beheimatete National Academy of Design verstand sich als Hüterin konservativer Werte. Moderne, vom Impressionismus beeinflusste amerikanische Maler wurden nicht aufgenommen und durften ihre Bilder in der Ausstellung von 1907 nicht hängen. Die abgelehnte Gruppe »The Eight« um Robert Henri, zu der u. a. auch Maurice Prendergast, George Luks und Joan Sloan gehörten, organisierte daraufhin 1908 ihre eigene Ausstellung – und erhielt vernichtende Kritiken.

Einen positiven Effekt für die Maler hatte die Ausstellung dennoch: Eine Dame aus der High Society, selbst Künstlerin, wurde auf die Außenseiter aufmerksam und fungierte von nun an als großzügige Mäzenin: Gertrude Whitney Vanderbilt. 1914 eröffnete sie in Greenwich Village in New York das Whitney Studio, in dem Edward Hopper 1920 seine erste Einzelausstellung hatte – ein grandioser Realist, Meister der Bewegungslosigkeit, mit der er Einsamkeit und Verlust der Beziehungen zwischen den Menschen thematisiert. Zu den wichtigen Vertretern des Realismus zählen neben ihm Grant Wood und Andrew Wyeth. Georgia O'Keeffe schlägt einen anderen Weg ein: Sie malt Formen nach der Natur, etwa Blütenkelche, und vergrößert sie so sehr, das sie wie abstrakt erscheinen.

Gertrude Whitney Vanderbilt war es auch, die die legendäre Armory Show mitfinanzierte, die 1913 erstmals in den USA die amerikanische neben der europäischen Moderne zeigte. Damit war das Interesse der Sammler geweckt, sie wandten sich der modernen Malerei zu – derjenigen, die aus Übersee kam, nicht aber der eigenen. 1929 bot Whitney Vanderbilt dem Metropolitan Museum ihre Kollektion als Schenkung an – ca. 500 Werke, u. a. von Edward Hopper, Stuart Davis, Thomas Hart Benton und Georgia O'Keeffe. Das Metropolitan lehnte ab, zeitgenössische Kunst aus dem eigenen Land war nicht gefragt. Im selben Jahr gründete eine andere Dame der Gesellschaft, Abby Aldrich Rockefeller, in New York ein Museum, dem sie ihre Sammlung moderner (europäischer) Kunst zur Verfügung stellte: das Museum of Modern Art. Der zeitgenössischen amerikanischen Kunst eine Heimat zu geben, oblag wieder Gertrude Whitney Vanderbilt – sie eröffnete 1931 das Whitney Museum of American Art.

Nach dem Zweiten Weltkrieg setzte sich auf beiden Seiten des Atlantiks der Abstrakte Expressionismus durch, dessen wichtigste Vertreter in den USA Robert Motherwell, Willem de Kooning und Jackson Pollock waren. V. a. Pollock brach radikal mit der malerischen Tradition. Er breitete seine Leinwände auf dem Boden aus und ließ mit kreisenden Bewegungen Farbe darauf niederrinnen (Action Painting). Der Maler konnte und wollte nicht mehr voraussagen, wie das Resultat aussehen werde, ihm ging es vielmehr um »sichtbar gemachte Energie und Bewegung im Raum angehaltener Erinne-

Mark Rothko, *Orange und Gelb,* 1956, Öl auf Leinwand, 231 x 180 cm, Albright-Knox-Art-Gallery, Buffalo, New York.

rungen«. »Schau nicht, male« formulierte sein Kollege de Kooning – das Bild wurde zum Protokoll einer Aktion. Pollock fand seine Mäzenin in Peggy Guggenheim, die 1942 eine Avantgarde-Galerie in New York errichtete.

Als Gegenbewegung zum ausschweifenden Abstrakten Expressionismus entstanden in den 1950er und frühen 1960er Jahren in den USA verschiedene Bewegungen. Maler wie Mark Rothko entwickelten die Farbfeldmalerei und füllten die Leinwände mit Farbflächen, die, unscharf begrenzt, zu schwimmen scheinen und den Betrachter mittels Abstraktion direkt emotional ansprechen sollen. Diesen spirituellen Aspekt seiner Arbeit hat Rothko 1964 in den transzendenten, schwarzen Räumen der Rothko-Chappel für das Sammler-Ehepaar Menil in Houston, Texas, noch vertieft.

»Who's Afraid of Red, Yellow and Blue« lautet der Titel eines Bildes von Barnett Newman, das kompromisslos nur diese drei Farben zeigt und auf die unmittelbare Erfahrbarkeit »aus dem natürlichen menschlichen Verlangen nach dem Erhabenen« und »nach absoluter Emotion« zielt. Der Betrachter soll nah an das großformatige Bild herantreten und sich in ihm versenken.

Als Reaktion auf die Farbfeldmalerei und parallel zur Pop-Art entstanden u. a. die Post-Painterly Abstraction mit bekannten Vertretern wie Ad Reinhardt, Ellsworth Kelly oder Frank Stella, die Minimal-Art mit Vertretern wie Donald Judd und Dan Flavin sowie die Conceptual-Art mit wichtigen Vertretern wie Sol LeWitt, Ed Ruscha und Joseph Kosuth. In der Bildhauerei arbeitete Richard Serra formal reduziert und mit neuen Materialien.

Das erste »Happening« veranstaltete 1959 Allan Kaprow in der Reuben Gallery in New York; er wendete sich später den Environments zu.

Andy Warhol

Andy Warhol wurde in Philadelphia geboren, studierte Design und arbeitete als Werbegrafiker für eine Schuhfirma in New York, wo er bald durch seine außergewöhnlichen Entwürfe Aufsehen erregte. Wie den anderen Pop-Künstlern auch, ging es ihm um die Darstellung des Alltäglichen, berühmt wurde er durch seine Schablonenbilder und seine Porträts bekannter Showgrößen wie Marilyn Monroe, Liz Taylor oder Elvis Presley.

Warhol verstand und inszenierte sich als Anti-Künstler und stilisierte sich selbst zur Kultfigur. Als bunter Vogel in der Künstlerszene sorgte er immer wieder für Skandale. Besonders die Filme, die er ab Mitte der 1960er Jahre drehte, erregten die Gemüter – in »Sleep« richtete er die Kamera sechs Stunden auf einen schlafenden Mann –, brachten ihm aber auch Preise und internationale Erfolge wie »Flesh«. Seine »Underground Movies« brachen alle Tabus, er behandelte Themen wie Gruppensex, Rauschgift, männliche Prostitution und homosexuelle Liebe – eine empörte lesbische Frauenrechtlerin schoss 1968 auf ihn und verletzte ihn schwer.

Andy Warhol, *Marilyn Monroe,* Siebdruck, 1967.

Pop-Art und Kunstmarkt

In den 1950er und 60er Jahren trat die Pop-Art von New York aus ihren Siegeszug um die Welt an. Wegbereiter waren Jasper Johns (s. Umschlag) und Robert Rauschenberg, weitere wichtige Vertreter sind Roy Lichtenstein und Andy Warhol. Das Programm der Künstler war Trivialität, Teile der realen Welt – Abfall von der Straße – wurden anfangs in Kollagentechnik in die Bilder eingearbeitet. Später wählte man Massenkonsumartikel und Motive aus der Werbung unverändert zum Sujet, seriell aneinandergereiht, vergrößert, massenhaft reproduziert erzielten sie ihre Wirkung wie z. B. Andy Warhols Reihung von Coca-Cola-Flaschen oder seine »Campbell's Soup Cans«.

Ihren Förderer und Vermarkter fanden die Künstler in dem New Yorker Galeristen Leo Castelli. Er war es, der Johns entdeckte – der in den 1950er Jahren seine ersten Fahnenbilder malte und später auf dem Kunstmarkt Preise erzielte wie nie zuvor ein lebender Künstler. Castelli verhalf auch Rauschenberg zum Durchbruch, der 1964 als erster Amerikaner den Großen Preis der Biennale von Venedig gewinnen sollte. Wenn Castelli, der »Pate der Pop-Art«, einen Künstler unter seine Fittiche nahm – wie z. B. Richard Serra, Frank Stella, Roy Lichtenstein, James Rosenquist, Donald Judd, Ellsworth Kelly, Cy Twombly, Robert Morris, Bruce Naumann, Claes Oldenburg, Dan Flavin und Andy Warhol – konnte der sich des Erfolgs sicher sein.

Land-Art

Die weite Landschaft der USA lässt es nur konsequent erscheinen, dass einige Künstler ihr Atelier in die Natur verlegten. 1968 realisiert Michael Heizer eine neue Form der Skulptur, indem er Masse entfernt anstatt hinzuzufügen. Ein dreiviertel Jahr baggert er an »Double Negative« und gräbt dabei einen 15m tiefen, 9 m breiten Graben in das Hochplateau von Mormon Mesa, Overton, Nevada. Aus der Luft betrachtet erkennt man den Einschnitt, dem Besucher bleibt er verborgen. Land-Art bringt es mit sich, dass die Kunstwerke dem Verfall der Zeit anheim gegeben sind. Das betrifft auch die in Eis und Schnee gezogenen Gräben von Dennis Oppenheim und eines der bekanntesten Werke der Land-Art: Spiral Jetty von Robert Smithson, das er 1970 im Great Salt Lake realisierte. Je nach Wasserstand des Sees ist die aus Steinen, Erde, Algen und Salzkristallen in den flachen See geformte Spirale überspült, taucht sie auf dem Wasser auf, erscheint sie aufgrund einer chemischen Reaktion der an ihr haftenden Salzkristalle rosa.

Seit 1972 arbeitet James Turrell an seinem »Roden-Crater-Project« in der Painted Desert in Arizona. Nach 25 Jahren Planung ist die Arbeit an dem »kosmisch-planetarischen Observatorium« abgeschlossen und kann besucht werden. Turell verlagert das Erlebnis »Farbe« von der Leinwand in den Raum.

Walter de Maria, *The Lightning Field,* 1977, Edelstahlstäbe, 6,30 m hoch, insgesamt 1609 x 1005 m, bei Quemado, New Mexico.

Von 1973–76 arbeite Nancy Holt an ihren »Sun Tunnels« in Lucin, Utah, vier großen, nach Sommer- und Wintersonnenwende kreuzförmig ausgerichteten Betonröhren. Bohrungen nach Sternbildern projizieren die Sonne als Lichtpunkte in die Röhre.

Ein spektakuläres Schauspiel zeigt »The Lightning Field« von Walter de Maria. 1974–77 realisierte er das Projekt bei Quemado in New Mexico. Auf dem flachen Gelände hat er ein Gittersystem errichtet: 400 über 6 m hohe Edelstahlstangen wurden im Abstand von 67 m zueinander in den Boden gerammt und bieten bei Blitz und Donner einen imposanten Anblick.

Christo und Jeanne-Claude leben seit 1964 in den USA. Weltweit setzen sie ihre aufsehenerregenden Interventionen in der Landschaft und an Gebäuden um, die den Blick des Betrachters auf die Dinge verändern und die Dinge selbst in neuem Licht erscheinen lassen. In den USA haben sie folgende Projekte realisiert: »Valley Curtain« (1972, Rocky Mountain, Colorado), »Running Fence« (Kalifornien, 1976), »Wraped Walk Ways« (1977, Loose Park, Kansas City), »Surrounded Islands« (1983 werden 11 Inseln vor Miami von pinkfarbenen Polyprophyen umsäumt), »Umbrellas« (1990 werden 1760 gelbe Schirme in Kalifornien und zeitgleich 1340 blaue Schirme in Ibaraki, Japan aufgestellt), »The Gates« (New York 2005).

Die Vielfalt des Ausdrucks

Nach der Pop-Art lebt die expressionistische Malerei in den 1980er Jahren wieder auf. In der graffitiartigen kalligrafischen Sprache Keith Harings verbinden sich Pop-Art und Action Paintings; Jean Michel Basquiat, der früh verstirbt, kommt wie Haring vom Graffiti. Auf großen Leinwänden stellt er in naiv anmutenden Bildergeschichten das Leben in den New Yorker Ghettos dar. Bei Julian Schnabel ist der Einfluss von Joseph Beuys nicht zu übersehen, er feiert international große Erfolge. Alex Katz entwickelt einen neuen Realismus, indem er die großen Farbflächen des Abstrakten mit der Pop-Art verbindet.

In der Skulptur greift Jeff Koons auf Andy Warhols Werbestrategien zurück und bringt Kitsch und Porno auf den Kunstmarkt – sein Hase aus Edelstahl oder die Kamasutra-Serie, die ihn und seine Frau Ciccolina beim Sex zeigt, sorgten für Empörung. Der menschliche Körper ist das Hauptthema der Bildhauerin Kiki Smith, die Fragen nach dem Verhältnis des Körpers zum Selbst aufwirft. Louise Bourgeois experimentiert in skulpturalen Kompositionen und Installationen mit verschiedenen Materialien und Möglichkeiten der Verarbeitung.

Jeff Koons, *Hase*, 1986, polierter Edelstahl, 104 x 48 x31 cm

Jenny Holzer arbeitet mit Texten. Ihre Aussagen laufen auf riesigen elektronischen Schriftbändern über Häuserfassaden, 1986 am Times Square: »Protect me from what I want«. Die Performances von Mike Kelley oder Paul McCarthy klagen in den 1980er Jahren spöttisch und obszön gegen die Gewaltverherrlichung der Massenmedien an; sie arbeiteten in den 1990er Jahren hin und wieder mit Jason Rhoades zusammen. Der schöne Schein wird in den Performances und Videos von Matthew Barney zur Unerträglichkeit überhöht, seine »Creemaster«-Videoserie zeigt eine dekadente Welt voller homoerotischer Fantasien. Seit den 1970er Jahren arbeitet Bill Viola mit dem Medium Video. Seine Projektionen sind Bestandteil von Rauminstallationen, die den Betrachter in abgedunkelten Räumen mit seinen Lebensmetaphern konfrontieren.

Fotografie

Wichtige Impulse für die Fotografie kamen aus den USA. George Eastman hatte mit der »Kodak Nr.1« bereits 1888 eine Kamera entwickelt, die handlich und für jedermann einfach zu bedienen war. Der dazugehörige Rollfilm, Entwicklungsmöglichkeiten und das Marketingkonzept machten die Schnappschusskamera zu einem Riesenerfolg.

Besonders einflussreich wirkten Alfred Stieglitz mit seiner Galerie »291« und der Zeitschrift »Camera Work« (bis 1917) sowie Edward Steichen. Beide schufen auch theoretische Grundlagen. Stieglitz lehnte jegliche Manipulation des Bildes ab und war davon überzeugt, dass der richtige Blick des Fotografen die Qualität eines Fotos beeinflussen würde. Er ermunterte Steichen zum Fotografieren, der sich zunächst mit künstlerischem Anspruch dem Pictoralismus gewidmet hatte, dann als Kriegsfotograf und für verschiedene Modezeitschriften arbeitete. Von 1947–1962 war er Direktor der Fotoabteilung des Museum of Modern Art in New York und konzipierte dort die legendäre Ausstellung »The Family of Man«.

Einen künstlerischen Ansatz verfolgte in den 1920er Jahren auch Man Ray mit seinen »Rayografien«, daneben entwickelten Stieglitz, Steichen, Paul Strand, Charles Sheeler und Edward Weston eine individuelle objektive Bildsprache, die die Beziehung von Objekt und Subjekt thematisierte. Daraus entstand die erste amerikanische fotostilistische Richtung, die »Straight Photography«, zu deren Inbegriff die Gruppe »f/64« (u.a. Ansel Adams, Imogen Cunningham, John Paul Edwards) wurde, die sich in den 1930er Jahren um Weston gebildet hatte.

Viele Fotografen interessierte die Wahrheit hinter den Dingen. Beeindruckende Dokumentationen über die Lebensbedingungen in den USA fotografierten Edward S. Curtis, Adam C. Vroman und Jacobs Riis an der Wende zum 20. Jh., seit den 1910er Jahren Lewis W. Hine, James van der Zee und Ernest J. Bellocq; Margarete Bourke-White begann ihre Karriere in den 1920er Jahren. Für die Reportagefotografie brachten seit den 1930er Jahren Berenice Abbott, Alfred Eisenstaedt, W. Eugene Smith und Weegee neue Impulse. Die Farm Security Administration (FSA), die 1937 im Rahmen des New Deal ins Leben gerufen worden war, hielt Fotografen wie Walker Evans, Ben Shahn und Dorothea Lange dazu an, von der Not der Farmer zu berichten und den »Amerikanern Amerika näher zu bringen«.

Um 1940 kam es zu wichtigen technischen Entwicklungen: Harold Edgerton erfand 1939 am MIT die Strobofotografie, 1941 revolutionierte der »Kodacolor«-Farbfilm den Markt und bereits 1948 wurden die ersten Polaroidfilme angeboten.

Alfred Stieglitz,
Der Terminal, New York,
Fotogravure, 1893.

Gegen Ende der 1940er Jahre hatten Modezeitschriften Konjunktur. Diane Arbus, Richard Avedon und Bert Stern arbeiteten für Zeitschriften wie »Harper's Bazaar«, »Vogue« und »Vanity Fair« und Irving Penn belebte mit außergewöhnlichen Motiven die Werbefotografie. Durch ihre Prominentenporträts etwa von Yoko Ono und John Lennon wurde in den 1970er Jahren Annie Leibowitz bekannt, in den 1980er Jahren ließen sich viele berühmte Persönlichkeiten von Robert Mapplethorpe portraitieren.

Auch zahlreiche Künstler arbeiten mit dem Medium der Fotografie. Wegen ihrer politischen Aussagekraft wurden die satirischen und mit bitterbösem Humor gestalteten »narrativen Tableaus«, die der Konzeptfotograf Les Krims seit den 1970er Jahren gestaltet, oft kritisiert. Cindy Sherman befasst sich ebenfalls seit den 1970er Jahren in ihren Arbeiten mit Fragen der Identität, Körperlichkeit und Sexualität, bei Nan Goldin ist die Kamera immer dabei. Völlig distanzlos bezieht sie sie in ihr Leben ein und lässt den Betrachter auch an den intimsten Momenten ihres Lebens teilhaben.

Dorothea Lange, *Heimatlose Mutter,*
Kalifornien, 1936.

Bibliografie

Arens, Werner und Braun, Hans-Martin: Die Indianer Nordamerikas, Beck 2004

Baltzell, E. Digby: Puritan Boston and Quaker Philadelphia, Beacon Press 1982

Blume, Helmut: USA. Eine geographische Landeskunde, I: Der Großraum in strukturellem Wandel, Wissenschaftliche Buchgesellschaft Darmstadt 1975

Commager, Henry Steele und Nevins, Allan: A Pocket History of the United States, Simon & Schuster 1992

Dippel, Horst: Geschichte der USA, Beck 2005

Esch, Arno und Schirmer, Walter F.: Kurze Geschichte der englischen und amerikanischen Literatur, dtv 1973

Giedion, Sigfried: Die Herrschaft der Mechanisierung, athenäum 1987

Harpprecht, Klaus: Der fremde Freund, Amerika: Eine innere Geschichte, DVA 1982

Hoeder, Dirk, Knauf, Diethelm (Hrsg.): Aufbruch in die Fremde, Europäische Auswanderung nach Übersee, Edition Temmen 2008

Hughes, Robert: Bilder von Amerika: Die amerikanische Kunst von den Anfängen bis zur Gegenwart, Blessing 1997

Morris, Richard B.: Encyclopedia of American History, Seventh Edition, Harper & Row 1996

Nash, Gary B.: Red, White & Black, The Peoples of Early North America, Prentice Hall 1992

Poppeliers, John C.: What Style is it? A guide to american architecture, The Preservation Press 1983

Schweitzer, Eva: Amerika und der Holocaust, Die verschwiegene Geschichte, Knaur 2004

Stein, Gertrude: Die geographische Geschichte von Amerika oder Die Beziehungen zwischen der menschlichen Natur und dem Geist des Menschen, Suhrkamp 1988

The World Almanac and Book of Facts 2007, World Almanac books

Zapf, Hubert: Amerikanische Literaturgeschichte, J. B. Metzler 2004

Zinn, Howard: Eine Geschichte des amerikanischen Volkes, Schwarzerfreitag 2007

Watzlawick, Paul: Gebrauchsanweisung für Amerika, Piper 2002

Personenregister

Bildnachweis

o = oben
u = unten

age fotostock / LOOK-foto 11 u, 13 u, 14 o+u, 15, 18 u, 93, 140, 145 o+u, 148, 149 o+u
akg-images 23, 27, 31, 35, 40, 42, 44, 46, 51, 57, 59, 61, 64, 66, 68, 69, 73, 80, 87, 96, 165
akg-images/AP 86
akg-images/Bildarchiv Monheim 101
akg-images/RIA Nowosti 82
Sabine Bungert/laif 19 o
John Cliett 184
DuMont Reisekartografie, Fürstenfeldbruck 8/9
Elan Fleisher/LOOK-foto 91
Franz Marc Frei/LOOK-foto 13 o
John Frumm/Hemispheres Images/laif 121
Christian Heeb/laif 10 o+u
Hemispheres/laif 107
Keystone France/laif 166
Library of Congress, Washington 187 u
Rainer Martini/LOOK-foto 18 o, 150 u
National Gallery of Art, Washington, Alfred Stieglitz Collection, © 1997 Board of Trustees 187 o
Bruno Pérousse/akg-images 75
picture-alliance/akg-images/Juergen Sorges 81, 106
picture-alliance/dpa 12, 47, 89 u, 90, 133, 177
picture-alliance/dpa/dpaweb 17, 147
picture-alliance/KPA/HIP/Ann Ronan Picture Library 24
picture-alliance/KPA/TopFoto 20, 127, 175
picture-alliance/KPA/united archives 126, 159
picture-alliance/Sander 132
picture-alliance/united archives 169
Ingolf Pompe/LOOK-foto 19 u
REA/laif 109
Redux/laif 131
Reporters/laif 138
© Kate Rothko-Prizel & Christopher Rothko/VG Bild-Kunst, Bonn 2008 180
Martin Sasse/laif 134, 136
The Andy Warhol Foundation/ARS, New York 182
The Baltimore Museum of Art 174 (The Cone-Collection, formed by Dr. Claribel Cone and Miss Etta Cone of Baltimore, Maryland, BMA 1950.196)
The BostonGlobe/Redux/laif 111
The NewYorkTimes/Redux/laif 83, 104, 112, 117, 122
Time Life, New York 89 o
Konrad Wothe / LOOK-foto 11 o
WYSOCKI Pawel / Hemispheres Images/laif 128

Nicht aufgeführte Abbildungen entstammen dem Archiv des DuMont Buchverlags oder die Rechteinhaber konnten nicht ausfindig gemacht werden. Berechtigte Ansprüche werden selbstverständlich im Rahmen der üblichen Vereinbarungen abgegolten.